探索数独

玩转数独的16条有效法则

谢道台　林敏舫◎著

SUDOKU

天津大学出版社
TIANJIN UNIVERSITY PRESS

图书在版编目（CIP）数据

探索数独：玩转数独的16条有效法则／谢道台，林敏舫著. -- 天津：天津大学出版社，2018.1

ISBN 978-7-5618-6062-5

Ⅰ.①探… Ⅱ.①谢… ②林… Ⅲ.①智力游戏-研究 Ⅳ.①G898.2

中国版本图书馆CIP数据核字（2018）第005590号

出版发行 天津大学出版社
地　　址 天津市卫津路92号天津大学内（邮编：300072）
电　　话 发行部：022-27403647
网　　址 publish.tju.edu.cn
印　　刷 天津泰宇印务有限公司
经　　销 全国各地新华书店
开　　本 185mm×260mm
印　　张 16.25
字　　数 100千
版　　次 2018年1月第1版
印　　次 2018年1月第1次
定　　价 49.00元

作者序一

不积跬步，无以致千里

谢道台

标准数独的规则是：将 1 ~ 9 填入空格，使得每行、列、宫内均含 1 ~ 9 且不重复，有效的数独题必须是唯一解。数独经多年的发展，从标准数独开始逐渐衍生出了许许多多的变型数独，而变型数独就是在标准数独有多解时，加入额外的一些规则使得它有唯一解，这就是变型数独的衍生法则。因此，在涉猎各式各样的变型数独之前，你必须先学会标准数独的解法。

标准数独的解法分基础解法和进阶解法。所谓基础解法，就是利用盘面上已出现的数字就可以推出答案的解法，逻辑上称显性唯一（Naked Single）和隐性唯一（Hidden Single），在解法上，前者称唯一余数法，后者称摒除法。在数独的解题过程中，所有的解法都围绕以上两种方法打转，故该两种方法称为基础解法。当盘面上的数字无法满足显性唯一和隐性唯一时，就必须利用数字间隐含的意义进行各格位候选数的删减，以满足显性唯一和隐性唯一的条件，这种对候选数进行删减的技巧就称为进阶解法。

基础解法易懂，解法也单纯，通过观察就可以直观出数，但题目通过特殊设计，也可以让盘势变得很难观察，本书就是从基础解法切入，把各种简单、困难的解题点拆解成不同的观察方式，使得难点得以化解。当盘面上已无基础解题点时，导入进阶解法，进阶解法的目的就是删减候选数，使得盘势满足显性唯一或隐性唯一，这就是数独解法的本质。

解法的本质很单纯，但对大部分初学数独的人而言，还是很难掌握其中的技巧，由于篇幅所限，不能在一本书中将所有技巧汇总，因此本书将各种不同的解法总结成各个条款，引导读者从各个不同的条款中悟出自己的一套解法。若这样的方式对读者有帮助，则往后我们将陆续汇总更多实用的条款，引导读者往更高阶的殿堂迈进。

中国近年来经济的飞速发展，实得力于多年来的基础建设，基础建设的完备才使得经济的发展能大步往前迈进。学习数独也是同样的道理，要想深入探讨各式各样的数独，必须先学好标准数独，要学好标准数独，必须先学好基础解法，当你的基础解法扎实了之后，学习进阶解法就变得容易了，而当你学会标准数独的解法之后，往变型数独的领域去探索，自然水到渠成。

作者序二

从说文解字到数独技法解析

林敏舫

近来，接触到了一门课程《说文解字与上古社会》，主讲人万老师在开篇提到如何给小学生解释《静夜思》。因为年纪尚小，解释意境恐怕难以理解，故用“字形”这种形象的方式解释更合适。比如第一句“床前明月光”的“床”，繁体字写作“牀”，“床”是由木头做的，而其左半边的“爿”是篆书“木”字的左半边，若把“爿”逆时针旋转九十度便成了茶几的形状。唐朝时，古人习惯盘坐，累了便倚靠在茶几上。李白那时倚靠着茶几，抬头望向天空，看到了一轮明月。

这不禁让我联想到，对于数独技法的解释是不是也可如此。以往写数独技法时，大多是这样的模式：先给出某一种结构可以推导出的结论，并用一道数独题进行实战说明，再附以针对性的练习题。而这一次，为了帮助读者更好地理解，我们将重点放在了技法的产生及其在解题过程中能发挥的作用上。尽量将原本看似枯燥乏味的理论变得生动形象，不仅有更丰富的实例，也有针对性更强的练习来巩固。其中部分习题还附带二维码，通过扫码，可以获取题目相关的提示。

本书针对没有接触过数独的初学者或是未曾系统了解过数独解题技法体系的玩家而设计。通过本书，您将了解一种老少皆宜的数字推理游戏，它适合各个年龄段人群，小孩子可以通过数独开发智力、提高专注力，年轻人可以休闲娱乐、舒缓工作压力，老年人可以锻炼脑力、陶冶情操。

前　言

在《探索数独：玩转数独的 16 条有效法则》即将出版之际，作为负责本书的编辑来说，不只激动，也非常感动。

之所以激动，是因为历时已久的图书终于要面世了，而内容又是值得读者去细心阅读与学习的，这是作为编辑来说最欣慰的事情。之所以感动，是因为其间一位作者的家里发生了一些事情，不得不分散他的注意力，而他仍能坚持写作，完成本书的内容，非常值得我们尊敬。

《探索数独：玩转数独的 16 条有效法则》可以说是对数独技法的一种全新解读，本书看似只有 16 条法则，但内容非常丰富，涵盖了基础技法与多种高级技法，以及技法的叠加应用。

本书从数独游戏规则开始介绍，内容有：唯一余数之一余、完全二余题、宫摒除、宫摒除的段与回、唯一余数（三余、四余、五余、六余之唯余解）、行列摒除（三余、四余、五余、六余、七余之行列摒余解）、两大基础技法的博弈、宫摒除区块、魔术解法、行列摒除区块、单一区块、并列式区块（含七种结构）、串列式区块（含七种结构）、更复杂的区块组合结构（含四种结构）。此外，全书提供了 260 道精选数独题，这些题目由出题大师谢道台老师精心设计，国手林敏舫测试通过，读者可以根据学习进度练习。为了方便读者利用答案，答案部分将生成二维码放在书中，读者可随时扫码查看。

感谢谢道台和林敏舫两位老师的辛勤付出，他们在数独领域潜心研究，有着独到的见解，书中内容集二位多年研究成果与心得体会，非常值得数独爱好者阅读与收藏。

如果读者想与作者互动或碰到疑难问题时需要沟通，请关注微信公众号“独・数之道”，也可登录“独・数之道”网站与更多数独朋友切磋技艺。

目 录

数独游戏规则

将数字 1 ~9 填入空格，使得每行、列、宫内出现数字 1 ~9 各一次。以下是一道例题。

		9	8		3	7		
	6			9			4	
	8			5			9	
		6	7		9	1		
	7			8			3	
	5			4			8	
		3	1		7	4		

这道例题所对应的答案如下图所示。

3	2	8	4	7	6	5	1	9
5	4	9	8	1	3	7	6	2
7	6	1	2	9	5	8	4	3
1	8	2	3	5	4	6	9	7
4	3	6	7	2	9	1	5	8
9	7	5	6	8	1	2	3	4
6	5	7	9	4	2	3	8	1
8	9	3	1	6	7	4	2	5
2	1	4	5	3	8	9	7	6

这里先介绍一些数独通用的名词，以便后面讲解解题技法时使用。

行、列、宫的序号

盘面被划分为九横行（Row）和九纵列（Column），三行三列相交又将盘面分为九个宫（Box），所以九阶的标准数独也常被称为“九宫格数独”。九个宫的标示顺序如下图所示。

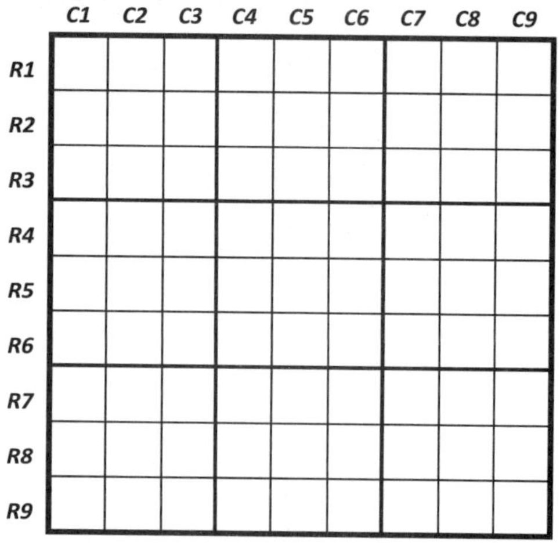

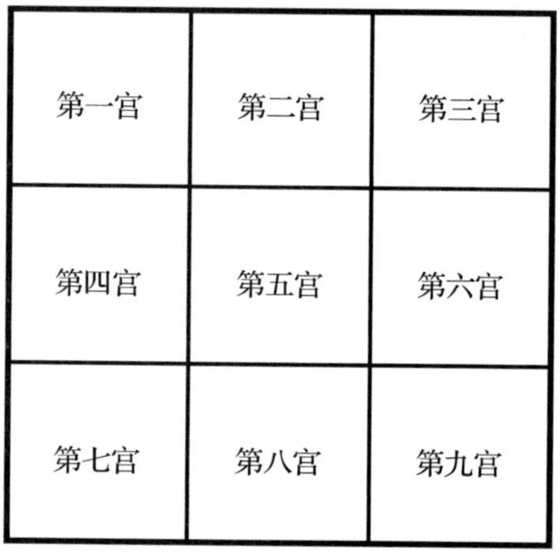

格的坐标

格（Cell）的坐标最常见的有两种标示方法，如下图所示。

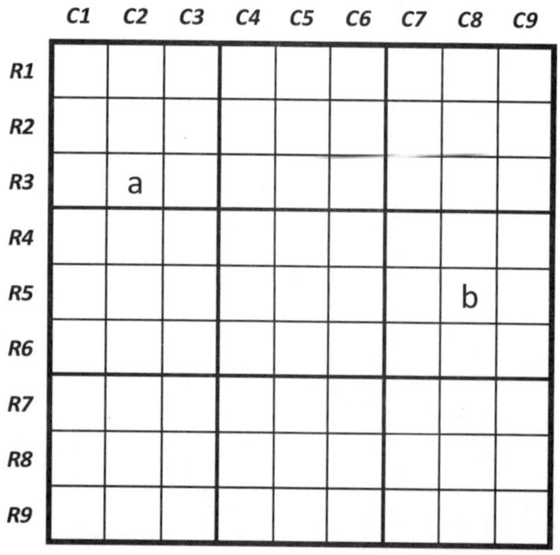

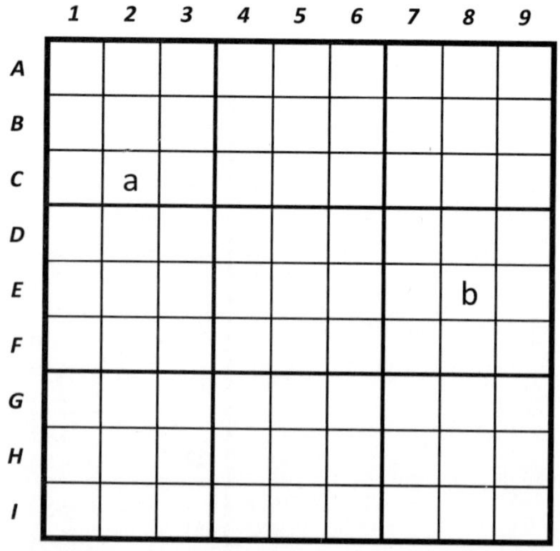

其中左侧的标示方法使用了英文单词的首字母，所以是国际通用的。右侧的标示

方法也是常见的一种，但是一些地区会将行用 1 ~9 标示，列则用 A ~I 标示。

利用行号和列号，我们可以很容易地把盘面中的某一格用坐标表示出来。如上图中，a 的位置可以表示为 R3C2 或是 C2，b 的位置可以表示为 R5C8 或是 E8，其他格位以此类推。为了避免混淆，本书中都将采用左侧的国际通用的标示方法。

作用范围

我们将一行、一列或是一个宫称为“一个单元”（Unit），某一格的作用范围（Peer）也就是它所在的单元，如下图所示。

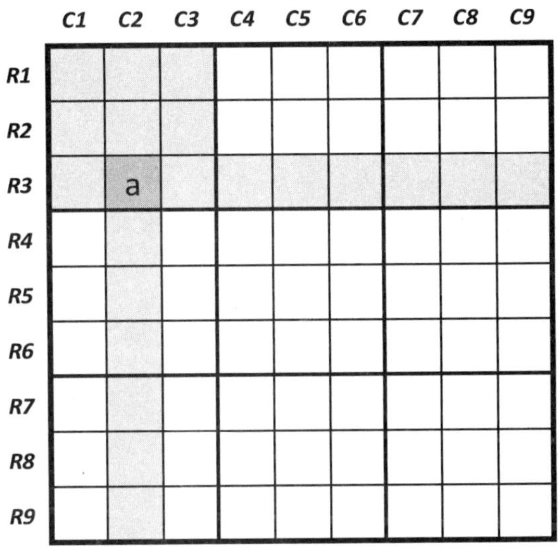

在了解数独的规则以及名词之后，下面正式进入数独解题技法的讲解。

条款1　从数独规则解读数独技法

很多读者在刚开始接触数独的时候，大概都会产生这样的疑惑：规则看起来很容易理解，但这么多的空格，应该如何去填，从哪里入手呢？我们现在的线索只有数独的规则，那不妨从数独的规则中寻找一些蛛丝马迹。数独的规则说“将数字1 ~9 填入空格，使得每行、列、宫内出现数字1 ~9 各一次”。如果各位读者曾经在别的地方见到过数独，看到的规则可能是这样描述的：“将数字1 ~9 填入空格，使得每个数字在每行、列、宫内仅出现一次。”大概很少有人会想过这两种描述方式有什么不同，它们其实是存在差异的。

前者“每行、列、宫内出现数字1 ~9 各一次”强调的是同个单元内不能有相同的数字出现。那么假如某一格所在的单元内已经出现过几个不同的数字了，这格只能在余下尚未出现过的数字内择一填写。比如下图这样的情况。

	C1	C2	C3	C4	C5	C6	C7	C8	C9
R1									
R2				3					
R3									
R4		4				2		3	
R5					1				
R6						6			
R7				5					
R8								7	
R9									

R4C4 所在的单元内已经出现过数字 1、2、3、4、5、6 了，那么 R4C4 只可能是 7、8、9 这三个数其中的一个。这里可以看到的是 R2C4 和 R4C8 都是 3，但相同的数

字只需被记录一次即可；而 R8C8 虽然是 7，但它并不在 R4C4 所在的单元（第四行、第四列、第五宫）内，并不会对 R4C4 产生直接影响。

由第二种描述中的“每个数字在每行、列、宫内仅出现一次”可以联想到，假如某个格子已经知道是 1 了（不论是提示数还是已经推导出来的数），那么它所在的单元内均不能再出现 1。如下图所示。

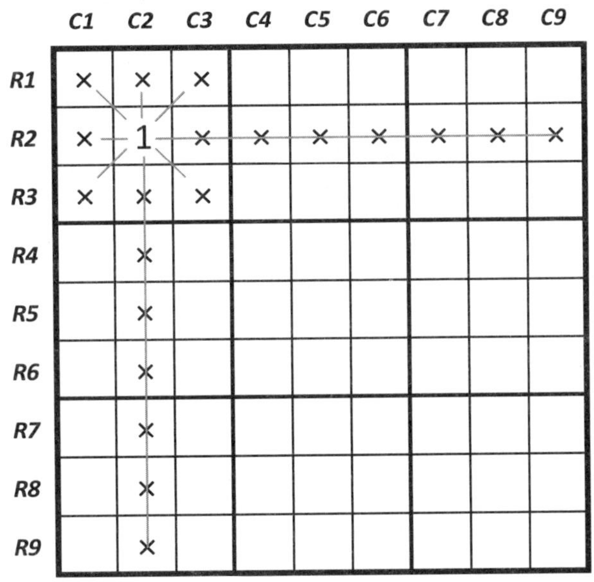

由于 R2C2 是 1，那么它所在第一宫、第二行、第二列中的其他格均不能是 1。

可以观察到，这两种表述的区别在于“考虑某一格可以填什么数字”和“考虑某个数字可以填在哪一格”，这是两种不同的观察角度，同时也是数独的两个最基本的解题技法：唯一余数法（Naked Single）和摒除法（Hidden Single）的观察思路。

条款2　唯一余数之一余（Last Value）

——最简单，但最容易被忽略的技法

查看题目答案请扫码

每道题目在进行到最后收尾阶段时，都会出现一个单元内仅剩一个空格的情况。这时，该格的数字是非常容易被确定下来的，那就是尚未出现过的第九个数字。

1	2	3	4	5	6	7	8	★

1	2	3
4	5	6
7	8	★

★= 9

在上面的例子中，★位置的数字是唯一确定的，只能是9。

由于9是★位置唯一剩余下来可以填的数字，我们就把这个技法称为“唯一余数”。并且由于单元内只剩下一个空格，所以我们也称这种特殊的形式为“唯一余数之一余”，简称“一余”。可以仅用一余完成的题目我们也把它们称为“完全唯一数题”。比如下面这道题目。

4	7	2	5	1	9	6		8
8		1	4			5	2	7
6		5	8	7	2			1
9	5	3	2	8	7	4		
	6	8	1		4	3	5	
		4	6	3	5	7	8	9
5			7	2	1	8		3
3	1	7			8	2		4
2		9	3	4	6	1	7	5

这道题目中仅有60个提示数，也是最少提示数的完全唯一数题。

一余看起来很简单，有的读者可能会想，虽然这么简单，但我不想点算，还是先去找找别的位置能不能解吧，有时候这样的想法可能导致解不下去。

比如下面这道题中，如果不将第一列的3先解出来的话，很难找到别处的可解点。

6				1			2	8
5		9						
					4	6		
1			4	6	5		8	2
4		6		2		1	5	7
2	5		1					6
8		2	9					
9						8		1
7	3			4		2	6	9

为了帮助各位读者更好地了解一余，下面给出两道题供读者练习。

题目 001 ~ 002

001

	4	6	7	1	5	2	8	3
2	7	8	4			1		
5	3		8	6		4	9	7
8		7	3		1		2	5
4	5	2	9		7	6	3	1
3	1		5		6	8		4
1	8	5		9	3		4	2
		4			8	3	6	9
6	9	3	2	7	4	5	1	

完成时间（　）分

002

	9	3	6	7	4	2		1
2	7		3		8		5	6
6	4	8	5			3	7	9
7	2		1		3	9	6	4
	3	4	7		5	8	1	
8	1	6	2		9		3	7
4	6	7			2	1	9	5
1	8		4		6		2	3
3		2	9	1	7	6	4	

完成时间（　）分

条款 3　诠释基础技法的最佳特征题
——完全二余数题

查看题目答案请扫码

前面我们介绍了唯一余数之一余的情况，比它稍微复杂一点儿的情形是在单元内还剩两个空格。比如下面这道题目。

	C1	C2	C3	C4	C5	C6	C7	C8	C9
R1	9		2		3	7		6	4
R2	3		8		6		2		9
R3		6	7	8			5		3
R4	6						3		
R5			1	2	5	3	9		
R6			4						7
R7	8		5			2	6	3	
R8	2		6		7		4		5
R9	1	4		5	8		7		2

这道题目中仅有 41 个提示数，也是最少提示数的完全二余数题，简称“二余”。

与一余类似，只需要依次寻找剩余两个空格的单元，并把它们填上，便可完成解题。但也有不同，一余只需要观察本单元还剩哪个数字没有出现过即可，而二余则需要借助其他单元的数字才可能得到余下两个空格的逻辑解。以上面这道题目为例，我们先找剩余两格的单元，可以发现第三列和第七列。不妨就来看第三列，经过点算，第三列中还缺数字 3 和 9。此时有两种不同的观察观点。

第一种观察观点：考虑某格内可以填什么数（简称“格找数填”）

观察 R4C3 还剩什么数字可以填。由于第四行已经出现过数字 3（R4C7），故

R4C3 只剩下数字 9 的可能性。继而可以得到第三列唯一余下的一格 R9C3 是 3。

	C1	C2	C3	C4	C5	C6	C7	C8	C9
R1	9		2		3	7		6	4
R2	3		8		6		2		9
R3		6	7	8			5		3
R4	6		★				③		
R5			1	2	5	3	9		
R6			4						7
R7	8		5			2	6	3	
R8	2		6		7		4		5
R9	1	4		5	8		7		2

第二种观察观点：考虑某个数应该填在哪一格（简称“数找格填”）

观察第三列的数字 3 可以填在哪里。由于第四行已经出现过数字 3（R4C7），故同处于第四行的 R4C3 不能是 3，第三列的 3 只能在 R9C3。继而可以得到第三列唯一余下的一格 R4C3 是 9。

	C1	C2	C3	C4	C5	C6	C7	C8	C9
R1	9		2		3	7		6	4
R2	3		8		6		2		9
R3		6	7	8			5		3
R4	6		×				③		
R5			1	2	5	3	9		
R6			4						7
R7	8		5			2	6	3	
R8	2		6		7		4		5
R9	1	4	★	5	8		7		2

对比两种观察方式可以发现，最终的结果是相同的，即把第三列余下的两格填完了。但填写的顺序是相反的，或者用一个更贴切的词来形容这两种观察方式的关系——互补，第一种观察方式（唯一余数法）得到的唯余解 R4C3 =9 和第二种观察方式（摒除法）得到的摒余解 R9C3 =3 正好是互补关系。

完全二余数题具备通过寻找还剩两格的单元，使用前述两种观察方式之一即可完成解题的特征。

以下是几道完全二余数题，读者可以尝试使用不同的观察方式进行观察。

题目 003 ~ 006

003

	1		3		2		7	
3						1	6	5
7		6		5		2		3
2		3	8					6
	6	1	5	2	4	7	3	
4					3	5		1
1		4		8		3		9
8	9	5						2
	3		9		5		4	

完成时间（　）分

004

		3	6	1	4	2		9
					8	5		4
2	4	7	9		3	1		8
	8		7				1	
1				3				7
	3				2		9	
4		2	3		1	6	8	5
5		1	8					
3		8	5	4	7	9		

完成时间（　）分

005

		7			5	8	4	1
2		1		8	3	6		7
5		4	7					
4	7	6				5		2
	3			5			7	
1		2				9	8	4
					2	4		5
6		5	3	1		7		8
7	2	8	5			3		

提示：

完成时间（ ）分

006

5	8	2	3	7			4	
3	9	1						8
				5		1		2
2		9	5				7	4
4		6		3		8		1
8	7				2	6		5
9		5		4				
1						4	6	3
	3			6	8	5	1	9

完成时间（ ）分

条款 4　仅需观察 5×5 盘面的技法之宫摒除 (Hidden Single in Box)

与常见的九阶数独不同的是，有不少写给小朋友的数独书里面会采用四阶（4×4）或是六阶（6×6）的标准数独，在习惯上，我们也将四阶或者六阶规格的数独称为“儿童数独”。

儿童数独由于观察数字较少（从 1~9 减少到 1~6 或 1~4）确实会简单一些，但这并不是绝对的，也有一些儿童数独需要高级技法才能完成。同样的道理，虽然九阶数独需要观察的数字较多，如果每一次只需要观察一个数字，观察的范围仅仅是 5/9 的盘面，甚至 1/3 的盘面，是不是就没有想象中的这么难了呢?

下面先来看一个实例。

	C1	C2	C3	C4	C5	C6	C7	C8	C9
R1			5					1	
R2		7	4				2		5
R3	9	8	6			1		3	
R4					4		6		
R5				6		9			
R6			8		2				
R7		4		3			1	9	6
R8	6		9				3	7	
R9		3					8		

我们将关注焦点放在第一、二、三宫上，关注数字 1。不难发现，由于 R1C8 是 1，故第一行的其他格都不能再出现 1，继而第一宫的 1 只能在 R2C1，如下图所示。

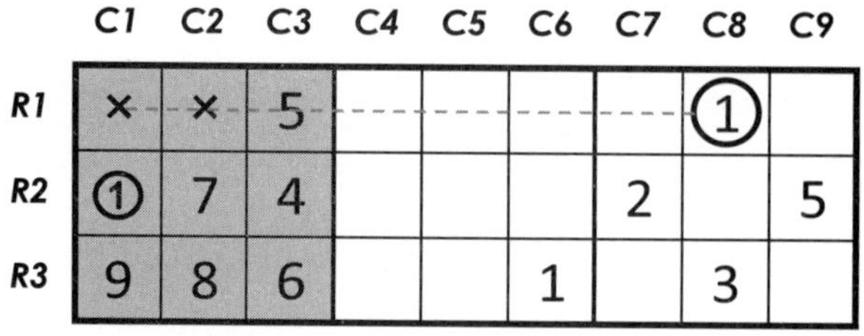

图中的虚线被称为“摒除线”，而这种出数得解的技法被称为“摒除法”，由于是对一个宫进行摒除也被称作“宫摒除法”，通过宫摒除法得到的解被称为“宫摒余解”。当然摒除线的条数可能不止一条，比如下面这个例子就需要两条摒除线。

	C1	C2	C3	C4	C5	C6	C7	C8	C9
R1		9						1	
R2	2		6				8		7
R3		8			1			2	
R4				6		7			
R5			7		3		5		
R6				9		2			
R7		2			9			4	
R8	8		4				7		9
R9		7						5	

同样地，观察数字 1 以及第一宫，可以得到宫摒余解，如下图所示。

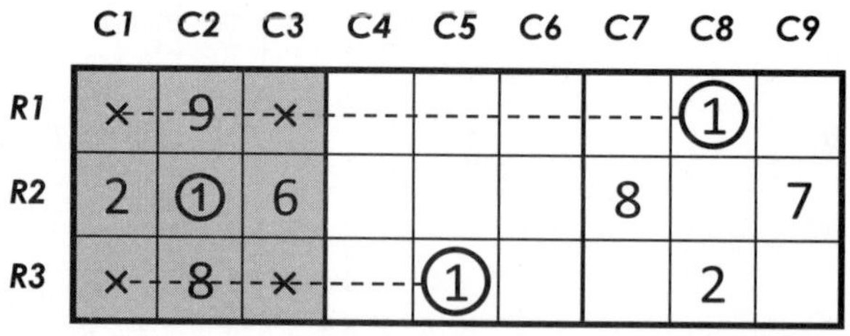

由于 R1C8 为 1，第一行的其他格都不能出现 1；由于 R3C5 为 1，第三行的其他格均不能为 1。继而第一宫的 1 只能在 R2C2。

前面说观察 5/9 的盘面，即五个宫，也就是说假如存在宫摒余解，那么最多只需要 4 条摒除线。在上面这道题目里，也存在着需要 3 条或 4 条摒除线的宫摒余解。如下图所示。

	C1	C2	C3	C4	C5	C6	C7	C8	C9
R1		9						1	
R2	②		6				8		7
R3		8			1			2	
R4	×	×	②	6		7			
R5	×	×	7		3		5		
R6	×	×	×	9		②			
R7		②			9			4	
R8	8		4				7		9
R9		7						5	

由于R2C1是2，和它同处于第一列的其他格不能再有2。
由于R6C6是2，和它同处于第六行的其他格不能再有2。
由于R7C2是2，和它同处于第二列的其他格不能再有2。
综上，第四宫当中的2只能填在R4C3。

	C1	C2	C3	C4	C5	C6	C7	C8	C9
R1		9						1	
R2	2		6				8		⑦
R3		8			1			2	
R4				6		⑦	×	×	×
R5			⑦		3		5	×	×
R6				9		2	×	⑦	×
R7		2			9			4	
R8	8		4				⑦		9
R9		7						5	

由于R2C9是7，和它同处于第九列的其他格不能再有7。
由于R4C6是7，和它同处于第四行的其他格不能再有7。
由于R5C3是7，和它同处于第五行的其他格不能再有7。

由于 R8C7 是 7，和它同处于第七列的其他格不能再有 7。

综上，第六宫当中的 7 只能填在 R6C8。

从以上几幅图可以看出，同一个盘势以不同的角度观察，可以得到不同格的解。这样的“发散”盘势相对来说是更简单的，因为多点开花，观察的命中率高。读者们还记得“条款 2”最后的例子吗？相对地，有的盘势就像当时的例子一样，呈现一种“收敛”的形态，如果不将关键点解出来会寸步难行。下面这题是关于宫摒除的例题。

	C1	C2	C3	C4	C5	C6	C7	C8	C9
R1				2			4		
R2		5			4			2	
R3						6			1
R4	2			8			1		
R5		1			9			6	
R6			8			4			7
R7	4			3					
R8		6			8			3	
R9			2			5			

我们说：“想用别的技法钻空子可没门儿。”这道题虽然可以用宫摒除一个技法解完，但第一步若没有找到第一宫数字 2 的宫摒余解，确实非常难找到别处的可解点。反过来看，是不是有的题目可以被“钻空子”呢？答案是肯定的，我们会在后续条款中加以说明。

条款 5　兜兜转转，峰回路转

——宫摒除法的段与回

查看题目答案请扫码

一道数独题有多难，如何量化难度，这一直是数独界的难题。光是宫摒除这一个技法，从前面的例子中就能看到，需要使用的摒除线条数、盘面上可解点的多寡都影响着观察难度。在观察解题者的解题步骤时，我们发现有的解题者为了防止遗漏，喜欢按照特定的顺序（从数字 1 开始依次观察到数字 9）寻找是否有宫摒余解。在按照这种方式分析题目时，我们发现了一些有趣的事。有的题目按照 1 ~9 的顺序只须观察一圈就可以完成解题，比如下面这个例子。

	C1	C2	C3	C4	C5	C6	C7	C8	C9
R1									
R2			6	4		3	2		
R3		5			1			6	
R4		3			4			2	
R5			2	7		1	5		
R6		4			5			1	
R7		1			6			4	
R8			7	8		2	3		
R9									

解题路径：

1，9，# 11111 – 22222 – 333333 – 44444 – 555555 – 666666 – 7777777 – 88888888 –999999999

＊**注：**解题路径是按照以下方式得到的。观察盘面上的数字 1，解出所有可解的 1，并做记录（如这题一开始可以解出 5 个 1，记为 11111），当不再有可解点时，记为一“段”，用分隔号（ – ）标示，然后观察数字 2，解出所有可解的 2……直到数字 9，这样进行一轮称为一“回”，若题目经过一轮尚未解完，则按照同样的方式进行下一轮。“1，9”的 1 指的是只需要一次 1 ~9 的回圈即可完成解题，9 指的是以不同数字划分（用“ – ”标示），解题路径被分成 9 小段。

我们将这种能够在一个回圈内完成的题目称为“一刀流数独”，是不是有一种酣畅淋漓的感觉呢？目前已发现的最少提示数全宫摒除一刀流只需要 18 个提示数，下面是一个例子。

	C1	C2	C3	C4	C5	C6	C7	C8	C9
R1					4	2		6	
R2						6			
R3	6	1					7		
R4	2		4						
R5									
R6							3		1
R7			8					2	5
R8				5					
R9		5		1	3				

小贴士：将本题中 R7C3 的 8 替换成 9，也是一道合格的全宫摒除一刀流数独。

由于有 1 ~9 解题顺序以及宫摒除解题技法的双重“暗示”，全宫摒除一刀流是初学者练习宫摒除的良好素材。下面就通过几道题目来练习一下。

题目 007 ~ 012

007

					1		3	
	4							
2	7			3				4
			7	9		4		
		6		5		2		
		1		8	4			
5				4			1	3
							5	
	6		2					

完成时间（ ）分

008

	1					5		4
					2			3
				8				
	5	2			3			
		7	6	5	9	2		
			4			7	1	
				1				
2			3					
6		3					4	

完成时间（　）分

009

8				5		7		
1		5			6			
						1		
					3		4	5
5				9				2
4	2		1					
		3						
			4			2		7
		4		2				6

完成时间（　）分

010

6	2							
			4	1			8	
		3					1	
4			1					2
			2	6	5			
5					7			3
	1					3		
	6			7	2			
							5	4

完成时间（ ）分

011

		1					6	
2			3		5			
			2	4				
5							1	4
	3			2			7	
8	7							3
				3	4			
			6		1			2
	5					4		

完成时间（ ）分

012

			5					
			1	9		7	5	
	4							3
						2		4
	5	1		2		8	9	
6		3						
7							1	
	9	2		4	3			
					2			

提示：

完成时间（　）分

当轻车熟路后，可以尝试一下需要更多回数和段数的快刀流、慢刀流和乱刀流。

	C1	C2	C3	C4	C5	C6	C7	C8	C9
R1	2			7	4				
R2		7					2	1	
R3						5			4
R4			6	2			7		
R5	1				7				8
R6			4			6	5		
R7	8			6					
R8		1	2					8	
R9					3	4			9

解题路径：

3，13 # 22222 –44444 –55555 –6 –77777 –8 –111111 –55 –666 –88888 –99999999 –33333333 –66

	C1	C2	C3	C4	C5	C6	C7	C8	C9
R1		4			3			6	
R2				4			9		5
R3	8		5		1	7			
R4	6					1		4	
R5									
R6		5		8					7
R7				5	6		7		8
R8	3		2			9			
R9		6			7			9	

解题路径：

5，18 #55 -66 -77 -888888 -99 -1 -222 -3 -777 -1 -222 -666 -11111 -333333 -444444 -555 -9999 -22

	C1	C2	C3	C4	C5	C6	C7	C8	C9
R1	7								5
R2				4			6	9	
R3		6	9		1				
R4				7				5	2
R5			3		5		4		
R6	2	5				9			
R7					4		8	2	
R8		1	6			8			
R9	5								9

解题路径：

10，24 #44 -55 -7 -999 -6 -11 -888 -222 -4444 -6 -7 -11 -33 -8 -777 -3333 -111 -55 -33 -77 -222 -6666 -888 -99

像最后这道乱刀流的解题路径真可谓兜兜转转。但事无绝对，以1~9为观察顺序的快刀、慢刀、乱刀经过变化后可能会变成一刀流。比如下面这个例子。

	C1	C2	C3	C4	C5	C6	C7	C8	C9
R1				7	5		6		
R2			3			2	8		
R3	2					4			
R4	8	7				5			9
R5	3				6				8
R6	9			4				3	5
R7				9					7
R8			5	3			4		
R9			9		8	1			

解题路径：

3，19＃33－4－555－6－77－88－99999－2－3－44－55－666－7777－888－11111111－222222－33－444－666

假如换一下解题顺序，以9，8，7，…，1逆序观察，就变成了一刀流。以下两题也有这样的特征。

	C1	C2	C3	C4	C5	C6	C7	C8	C9
R1				9				6	2
R2				7			5	9	
R3	5				8				
R4						2	9	7	
R5	9		2				3		8
R6		6	7	4					
R7					9				4
R8		9	5			3			
R9	6	7				5			

解题路径：

5，25 #4 -55 -6 -7 -8 -999 -3 -4 -5 -6 -7 -888888 -33 -44 -55 -66 -777 -11111 -2222 -3 -444 -66 -1111 -22 -333

	C1	C2	C3	C4	C5	C6	C7	C8	C9
R1	8	9							4
R2		2				3			7
R3				9	8			6	
R4	9	7		5					
R5			6		1		7		
R6						8		5	6
R7		1			2	5			
R8	3			6				4	
R9	2							9	8

解题路径：

8，23 #666 -7 -8 -99999 -7 -8888 -4 -5 -7777 -444 -555 -66 -2 -33 -55 -1 -3 -444 -1 -22 -3333 -11111 -222

是不是有一种峰回路转、豁然开朗的感觉呢？但是，这也并不适用于所有的题目，比如下面这题可“兜不转”。

	C1	C2	C3	C4	C5	C6	C7	C8	C9
R1		1		3					4
R2			8			4		3	
R3			7			9			8
R4			6		9	5			
R5					6				
R6				1	2		5		
R7	5			2			1		
R8		4		7			9		
R9	3					6		2	

不论是以 1 ~9 的顺序还是 9 ~1 的顺序，都需要 10 回 30 段才能解完。

经常有读者问，怎么观察不容易遗漏，以宫摒除来说，按照特定的数字观察顺序观察不失为一个好办法，特别是一刀流。但从前面的例子可以看到，固定的顺序可能导致效率降低，因此我们的建议是在初学时，为了更熟悉宫摒除的观察方式，可以使用一刀流训练，再尝试快刀流、慢刀流、乱刀流。在后面的条款中，我们也将会介绍更多的解题技法以及观察方法，到那时回过头来，才是真正的“峰回路转，豁然开朗”。

下面的题目通过宫摒除法即可完成，随着需要更多的段与回以及可解点变少，观察难度会逐渐增大。

题目 013 ~ 030

013

	4		7			1		
6						9	2	
9	5			4				
		1	4		8			
			2		1	7		
				9			5	3
	8	4						1
		2			3		4	

完成时间（ ）分

014

6								
	9		4	1			3	
	2	8	3					
					8	2		6
		1				3		
5		7	1					
					2	1	7	
	3			5	9		2	
								4

完成时间（ ）分

015

				8				5
				3		1	8	
		5			4			
8			1			6		
	4		5		8		3	
		7			6			2
			8			7		
	5	6		2				
2				1				

完成时间（ ）分

016

						4		
8			4	1				
	9				8		7	3
2	1							
4			3		7			8
							3	9
1	5		7				2	
				8	4			7
		8						

完成时间（ ）分

017

					8			
		9		4			5	1
3						6	9	
			2		6	8		
8								4
		2	3		4			
	3	8						7
4	1			7		2		
			9					

完成时间（　）分

018

				2			5	
		3	8					
		1				3	6	8
			7					2
	8		3		6		4	
5					1			
4	3	6				8		
					7	6		
	2			4				

完成时间（　）分

019

	2		9			8		3
	5	9		7				
						6		
2	4		5					
		7		6		9		
					1		5	2
		1						
				4		3	2	
6		2			9		1	

完成时间（ ）分

020

4	9	8					1	
			6					
5				8				
		9	8	7		1		
	6			5			4	
		5		2	6	9		
				4				3
					9			
	3					7	8	6

完成时间（ ）分

021

7					2	3		
	2	6	7	9				
							5	
4	9							7
			4	3	6			
5							4	8
	3							
				8	1	2	6	
		1	9					5

完成时间（　）分

022

9	4	1						
		8			6		2	
	7			9	1			
	9	6						3
				8				
3						4	9	
			1	2			8	
	8		4			5		
						6	7	4

完成时间（　）分

提示：

023

	5				6			8
		9	3			2		
	2							
		2		7				4
		5	2	4	9	7		
9				1		6		
							9	
		7			5	3		
8			7				4	

完成时间（ ）分

024

2	9	6		7				
			4	3				
		4			2	1		
9					6		4	
				4				
	1		9					8
		2	6			4		
				5	3			
				1		7	2	9

完成时间（ ）分

025

4					8		1	
		3			7	2	5	
				6		9		7
8			2			7		
		5			3			9
6		8		2				
	7	2	1			5		
	9		8					2

完成时间（　）分

026

				3				
6		2		9			3	
		4			6		5	2
							7	4
	2	9				6	8	
8	1							
9	3		8			7		
	4			2		8		9
				5				

完成时间（　）分

027

	2		7				6	9
6		4						
	7					3		
1			8		6			3
		6				7		
8			9		3			2
		9					3	
						8		4
3	1				5		7	

完成时间（ ）分

028

		4					5	
8					4		9	
				5		7		4
		6				1		7
7			3		2			6
2		1				8		
6		8		2				
	1		6					2
	9					5		

完成时间（ ）分

029

7					5		6	
		9			7	5	8	
				9		1		4
2			5			4		
		8			1			3
9		2		5				
	1	5	6			8		
	3		2					5

完成时间（　）分

030

		1	5		2		6	9
		8		7				
			4				7	
	9			1			3	
1								6
	2			5			8	
	8				9			
				2		3		
5	1		8		7	2		

完成时间（　）分

条款 6　仅需观察 5×5 盘面的技法之唯一余数（Naked Single）

查看题目答案请扫码

在“条款 4”里已经介绍过同样至多只需要观察五个宫的技法——宫摒除。细心的读者可能在条款标题中发现了一些不同，即宫摒除将最终目标锁定在宫，那唯一余数呢?

回答这个问题前，我们先来回顾一下数独名词中提到的“作用范围”这个概念。一格会对其所在的单元（一行、一列、一宫）内的 20 格产生影响，反过来，一格所在单元内的已知数也将影响到它。假如一格所在的行、列、宫内已经出现八个不同的数字，那么这格一定是尚未出现的第九个数。而这 20 格恰好存在于五个宫的范围内。

前述“条款 2”中的唯一余数之一余其实是唯一余数的特例，因为观察范围局限在一个单元（九格），所以相对来说更简单。

如何找唯一余数呢? 既然是“格找数填”，那么会对这格产生影响的 20 格内提示数越多，得解可能性就越大。对于作用范围内只有不到八个已知数的格是不存在单纯的唯余解的（不单纯的情况会在进阶技法部分解释）。

将上述观点量化，便有了一条寻找唯余解的思路，找剩下空格较少的单元。“条款 3”中提到了二余，下面将介绍三余、四余、五余、六余，这里的几余指的是该格所在单元中剩余空格最少的单元还有几个空格。

例题 1：寻找三余单元的唯余解

下面看一个例子。

	C1	C2	C3	C4	C5	C6	C7	C8	C9
R1			3			6	2		
R2									
R3	9			7	2		1	5	
R4		9	8	2		5	4		
R5	7	4	6		9		5	1	2
R6			2	4		7	9	8	
R7		8	7		3	2			9
R8									
R9			9	6			3		

既然说是三余，可以先找一下还剩三格的单元，这里有第三列、第七列、第四宫和第六宫。

不妨先看一下第三列，经过点算，第三列还剩1、4、5，由于第二行和第八行都没有其他提示数，故焦点可以马上放在第三行的R3C3，由于R3C7（1）和R3C8（5）已经出现过1和5，故R3C3只剩4可填，如下图所示。

	C1	C2	C3	C4	C5	C6	C7	C8	C9
R1			3			6	2		
R2									
R3	9		④	7	2		①	⑤	
R4		9	8	2		5	4		
R5	7	4	6		9		5	1	2
R6			2	4		7	9	8	
R7		8	7		3	2			9
R8									
R9			9	6			3		

下面的题目需要用到宫摒除法和唯一余数法才能完成，当遇到卡点时，不妨回顾一下前面提到的这些观察方法。

题目 031 ~ 036

031

			6			5		3
5			8			7		
					7			
				3			2	5
2			9		1			4
8	9			7				
			1					
		6			9			1
3		9			5			

完成时间（ ）分

032

9		7						
			3		6			
	4	2		5		7		
	6		1			8		
7								9
		1			8		5	
		5		9		6	1	
			2		4			
						3		2

完成时间（ ）分

033

					3	5		4
	7					6	3	
1				9				
	1			2	5			8
2			1	8			7	
				3				9
	6	4					2	
3		7	5					

完成时间（　）分

034

			2				7	
				3		1		
5			7				8	4
		6					4	
	9		3		4		1	
	8					5		
1	2				8			5
		8		9				
	7				6			

完成时间（　）分

035

4					6			7
				1	5	6		
	3		9					
5	6	3						
	9						1	
						3	8	2
					3		9	
		1	8	2				
3			5					4

完成时间（ ）分

036

							8	1
8			3		2			
			9			7	2	
	6		5					2
2								3
5					4		1	
	7	9			6			
			7		3			8
6	1							

完成时间（ ）分

例题2：寻找四余单元的唯余解

下面的题目里只有一个剩余四格的单元——第五列。

	C1	C2	C3	C4	C5	C6	C7	C8	C9
R1	7	4			5				6
R2		1			4	6			
R3				7			5		
R4			8						3
R5				5	6	4			
R6	6						2		
R7			2			8			
R8				1	9			2	
R9	9				3			8	7

通过点算，第五列还剩1、2、7、8没有出现过，其中R7C5所在宫已经出现过1（R8C4）、8（R7C6），所在行已经出现过2（R7C3），故R7C5只能是7。

	C1	C2	C3	C4	C5	C6	C7	C8	C9
R1	7	4			5				6
R2		1			4	6			
R3				7			5		
R4			8						3
R5				5	6	4			
R6	6						2		
R7			②		⑦	⑧			
R8				①	9			2	
R9	9				3			8	7

犹如多米诺骨牌，当一块骨牌倒下时，会联动第二块骨牌倒下。R7C5的7使得第八宫也成为一个四余单元，通过点算，可以得到R8C6的唯余解是5。

下面再通过几道题目练习一下。

题目 037 ~ 042

037

	9							
		8		5		2		
		7			1	3		8
4					8			7
	8			4			5	
2			3					4
8		1	9			6		
		5		7		4		
							3	

完成时间（ ）分

038

		8			3			6
4	9		7					
	2	6						
1			9		2			
	5			7			4	
			4		1			7
						2	3	
					8		9	4
2			1			8		

完成时间（ ）分

提示：

039

6		1						
			8					3
		5	9	7				6
		7						2
	2		1	5	7		8	
8						7		
4				6	2	9		
7					9			
						3		4

完成时间（　）分

040

				5		7	3	
						9	1	
			2		6	5		
						8	7	
	7		5	3	8		9	
	9	2						
		6	4		5			
	2	4						
	5	3		9				

完成时间（　）分

041

8			1			2	5	
				7			3	
			9					6
1					8			4
6				2				3
3			6					9
9					7			
	4			6				
	2	8			4			5

完成时间（ ）分

042

8		9	1					
1	5		9				3	4
								2
	3			7				
		5		8		4		
				6			5	
9								
5	4				6		7	8
					2	3		5

完成时间（ ）分

例题3：寻找五余单元的唯余解

下面这道题有两个剩余五格的单元——第三行和第七行。

	C1	C2	C3	C4	C5	C6	C7	C8	C9
R1	7								
R2			2		4		9		
R3				3		6	2		1
R4						8		9	
R5	1				9				6
R6		2		7					
R7	6		5	8		4			
R8			8		1		7		
R9									3

前面曾提到过作用范围内只有不到八个已知数的格是不存在单纯的唯余解的，故需要观察的格只剩下四个，如下图★所示。

	C1	C2	C3	C4	C5	C6	C7	C8	C9
R1	7								
R2			2		4		9		
R3	★		★	3		6	2		1
R4						8		9	
R5	1				9				6
R6		2		7					
R7	6		5	8		4	★		★
R8			8		1		7		
R9									3

不难发现R7C7的唯余解是1。

下面再通过几道题目练习一下。

题目 043 ~ 048

043

2	3		4		8			
	8	7		1				
					2			8
4		2				9		1
5		9				6		2
6			7					
				8		7	5	
			5		3		6	9

完成时间（ ）分

044

						8	6	
				1	9	5		
2				5				9
		6		4		7		5
	8						1	
1		9		7		4		
6				8				3
		5	7	9				
	1	2						

完成时间（ ）分

045

						5	1	
9				1	7			4
			2					9
	3		6			1		
		7	1		3	8		
		8			4		2	
2					6			
6			3	9				7
	4	5						

完成时间（ ）分

046

	2		1					
		6	7		9		4	
				4		6	5	
						7	2	
2		9				4		3
	3	1						
	5	7		9				
	1		4		7	8		
					2		7	

完成时间（ ）分

047

	6				5	1	3	
8	4			6				2
						6		
	2			4	6			
9								5
			9	1			7	
		3						
5				7			4	3
	7	2	8				9	

提示：

完成时间（ ）分

048

						7		
		3	4		9	6		
				6			4	5
	7				6			1
1		8				5		6
6			8				2	
2	8			9				
		9	1		5	3		
		4						

完成时间（ ）分

例题 4：寻找六余单元的唯余解

下面是一个六余的例子，从题目中可以看到余下六格的单元非常多，由于数字散布，五余、六余常常是观察的难点，你能找到这个例子里六余解的位置吗?

	C1	C2	C3	C4	C5	C6	C7	C8	C9
R1				6			9		
R2		2	4				8		
R3	5					3		1	
R4	6				7				
R5		1			5			3	
R6					1				2
R7		9		4					7
R8			3				5	4	
R9			1			7			

这时不妨看看每个数字出现了几次，其中数字 8 只出现了一次，我们曾做过一些统计，出现次数较少的数字是唯余解的数字或者唯余解出现在该数字所在单元的可能性更大。如果读者还没找到，可以试试从 8（R2C7）所在的第二行、第七列、第三宫寻找。与唯一余数不同的是，出现次数更多的数字则更可能存在摒余解，因为有更多的摒除线。

下面再通过几道题目练习一下。

题目 049 ~ 054

049

4								
			1				8	6
	5	2			6	9		
					9	6		5
	2		6	7	4		1	
6		7	3					
		3	7			1	5	
2	9				3			
								8

完成时间（　）分

050

							4	
		8		4		6		5
7				9	5			3
			9			1		
	7	3		8		2	6	
		6			4			
6			1	2				8
8		2		3		5		
	3							

完成时间（ ）分

051

			6		8			
	5	1				9		
8	2			3				4
	1		5			6		
	7			6			9	
		5			7		1	
1				4			5	2
		4				3	8	
			7		3			

完成时间（ ）分

052

	9				7			
3		7	1				8	6
4				3				
	7	9	4			1		
				5				
		5			3	8	9	
				2				1
1	6				5	7		9
			3				4	

完成时间（　）分

053

				4	6	1		
	7				5			
	3	2						8
	9		4			5		
2				1				4
		5			7		2	
3						2	4	
			6				8	
		1	9	7				

完成时间（　）分

054

	1			4			2	7
	2				3			1
		5						
	5		4	9				3
	7			8			1	
4				1	5		9	
						2		
5			8				6	
3	8			6			4	

完成时间（ ）分

小结

这时，读者要想一想，为什么只到六余呢？难道没有七余吗？回到前面对于几余的解释，七余指的是所在单元中剩余空格最少的单元还有七个空格，也就是说，每个单元至多有两个已知数6(2+2+2)个提示数，是不足以产生单纯的唯余解的。而六余因为有9(3+3+3)或者8(3+3+2)个提示数，故存在产生唯余解的必要条件，我们也将六余称为单纯唯一余数法的极限结构。

条款 7　披荆斩棘的行列摒除

(Hidden Single in Row/Column)

查看题目答案请扫码

在“条款 4”中我们已经了解了宫摒除的概念，一看到行列摒除的名字，就可以猜到，这次是将摒除的对象从宫转变为行或列。将这两个技法分开讲其实并不仅仅是因为观察对象不同，而是观察的难度更大了。

对于一个宫，可以影响到它的只有五个宫，而对于一行或一列，可以影响它的是整个盘面。在宫摒除中，我们以需要多少条摒除线作为评估观察难度的指标之一，这也适用于同为摒除系列的行列摒除。

以下将依次介绍需要 2 ~6 条摒除线的例子，需要 1 条摒除线的例子已经在“条款 2”中介绍过，这里不再重复。

例题 1：寻找三余单元的行列摒余解

下面的题目中有四个三余单元，分别是第一行、第九行、第三列、第七列。

	C1	C2	C3	C4	C5	C6	C7	C8	C9
R1		4	6		1		3	9	8
R2		3		9			5	4	
R3			9				2		
R4				6	9				
R5		5	1		4		7	3	
R6					7	1			
R7			5				9		
R8		6	8			9		2	
R9	7	9	3		2		8	5	

其中第七列里，还剩 1、4、6 三个数字没有出现过，由 R4C4（6）和 R8C2（6）

的影响，可以分别排除同处于第四行的 R4C7 和第八行 R8C7 填 6 的可能性，故第七列的 6 只能在 R6C7。如下图所示。

	C1	C2	C3	C4	C5	C6	C7	C8	C9
R1		4	6		1		3	9	8
R2		3		9			5	4	
R3			9				2		
R4				⑥	9		×		
R5		5	1		4		7	3	
R6					7	1	⑥		
R7			5				9		
R8		⑥	8			9	×	2	
R9	7	9	3		2		8	5	

我们将通过两条摒除线出数的行列摒除，称为“二刀斩”。

下面的题目需要用到宫摒除法和行列摒除法之“二刀斩”才能完成，当遇到卡点时，不妨回顾一下前面提到的这些观察方法。

题目 055 ~ 060

055

					8			2
3		6	1		2			
9					7	6		
						1		4
	8						9	
2		1						
		5	8					7
			9		1	2		6
4			6					

完成时间（ ）分

056

	4			5	6		2	
		6			7	9	4	
8			2					
	1	7				8	5	
					4			2
	7	9	8			5		
	2		9	1			6	

完成时间（ ）分

057

8			2					6
1	6			8				7
			5					
5	8				2		9	
	3		9				6	2
					9			
9				1			3	5
2					8			4

完成时间（ ）分

058

	2	3			7			
					9			6
				6		5	2	
2		9			3			
		7				1		
			6			2		5
	7	1		5				
4			8					
			4			6	3	

完成时间（ ）分

059

					3			7
	3		1	4		5		
					9	1		
	1						8	3
		5				7		
6	4						5	
		7	4					
		8		5	1		6	
9			8					

完成时间（ ）分

060

	8		9	4		3		
							7	
				1	6			4
2		7			8		9	
	9		4			8		2
9			3	8				
	3							
		1		2	7		6	

完成时间（　）分

例题2：寻找四余单元的行列摒余解

下面的题目中有两个剩余四格的单元，分别是第一列和第九列。

	C1	C2	C3	C4	C5	C6	C7	C8	C9
R1					7	6			5
R2	7								
R3			3				1		7
R4	1			2					6
R5		4			6			2	
R6	9					3			8
R7	4		7				9		
R8									2
R9	6			7	4				

其中第九列还剩 R2C9、R5C9、R7C9、R9C9，这四格所在的其中三行，都已经出现过数字 4，不难得出余下的 R2C9 是 4，如下图所示。

	C1	C2	C3	C4	C5	C6	C7	C8	C9
R1					7	6			5
R2	7								④
R3			3				1		7
R4	1			2					6
R5		④			6			2	×
R6	9					3			8
R7	④		7				9		×
R8									2
R9	6			7	④				×

下面再通过几道题目练习一下。

题目 061 ~ 066

061

		1	7		8	2		
6								
			6				9	4
	5		1					8
	4			9			2	
7					6		1	
3	8				5			
								5
		9	8		2	1		

完成时间（ ）分

062

	3				9	6		
	9	6		2				
2			7					
4				5				2
		1		7		5		
5				3				9
					2			6
				9		7	5	
		5	4				1	

完成时间（　）分

063

		4	8					7
				7				
		2			5	3		
	7		4	9		5	2	
				1				
	4	9		8	2		3	
		1	2			9		
				5				
6					1	7		

完成时间（　）分

064

			3			2		
3		8				7		
				2	1		6	
		4					9	2
		2		8		1		
7	3					5		
	6		7	5				
		3				8		4
		7			2			

完成时间（ ）分

065

						1	8	
	5				4	6		
9					2			5
8			9	3				
1				7				3
				2	5			6
3			2					7
		1	5				4	
	4	6						

完成时间（ ）分

066

				7			3	
1	5				2	8		
				8		2		
	9	6						1
			1	9	6			
8						6	4	
		8		5				
		9	7				5	6
	7			1				

完成时间（　）分

例题3：寻找五余单元的行列摒余解

随着目标单元的空格增多，观察也越来越困难，下例中的行列摒除解在第九列，你能找到是哪个数字吗？

	C1	C2	C3	C4	C5	C6	C7	C8	C9
R1	7		8	3				1	
R2					2				6
R3	6		3						
R4		5				3			
R5	1			9	8	5			2
R6				6				7	
R7							4		9
R8	2				3				
R9		6				4	8		1

思考一下，然后看看下图是不是跟你想的一样。

	C1	C2	C3	C4	C5	C6	C7	C8	C9
R1	7		8	③				1	×
R2					2				6
R3	6		③						×
R4		5				③			×
R5	1			9	8	5			2
R6				6				7	③
R7							4		9
R8	2				③				×
R9		6				4	8		1

由于 R1C4 是 3，和它同处于第一行的 R1C9 不能是 3。

由于 R3C3 是 3，和它同处于第三行的 R3C9 不能是 3。

由于 R4C6 是 3，和它同处于第四行的 R4C9 不能是 3。

由于 R8C5 是 3，和它同处于第八行的 R8C9 不能是 3。

故第九列的 3 只能在 R6C9。

前面的例子中，每个数都只对一格进行摒除，从之前宫摒除的例子里可以看到，一条摒除线可以对三格进行摒除，在行列摒除中，一个数字也可以产生最多三条有效的摒除线。比如下面这个例子。

	C1	C2	C3	C4	C5	C6	C7	C8	C9
R1						1			2
R2	1	3					7	6	
R3			8	7	9				
R4			6	3		9			
R5					1				
R6				4		8	2		
R7					8	4	3		
R8		7	9					4	5
R9	6			9					

这个例子中，行列摒除出现在第二行，你找到了吗？想一想，然后看看下面的解答图。

	C1	C2	C3	C4	C5	C6	C7	C8	C9
R1						1			2
R2	1	3	×	×	×	×	7	6	⑨
R3			8	7	⑨				
R4			6	3		9			
R5					1				
R6				4		8	2		
R7					8	4	3		
R8		7	⑨					4	5
R9	6			9					

由于 R3C5 是 9，和它同处于第二宫的 R2C4、R2C5、R2C6 不能是 9。

由于 R8C3 是 9，和它同处于第三列的 R2C3 不能是 9。

故第二行的 9 只能在 R2C9。

下面再通过几道题目练习一下。

题目 067 ~ 072

067

	8				4			
5		7	6			8		
				5			9	1
7	1		8					
	4						8	
					1		5	6
6	9			7				
		4			6	9		3
			1				6	

完成时间（　）分

068

	9		3		8	1	7	
						4		9
5					7			
					9		6	
8		7				9		3
	3		2					
			1					2
7		5						
	2	3	4		5		8	

完成时间（ ）分

069

					1			
4		8	5	9				
		9				8	3	2
	4	7		6				
		3				2		
				3		5	8	
1	7	4				6		
				2	4	3		7
			9					

完成时间（ ）分

070

6			1					
	2		6					
4		3			9			7
	6		8			3		4
		2				1		
3		7			1		5	
9			3			6		5
					7		8	
					4			1

完成时间（　）分

071

8				9				
9					8	3		
	6			3			5	
2		6					7	
	5		6		7		3	
	9					6		5
	8			6			4	
		4	9					7
				1				3

完成时间（　）分

072

			2			5		4
		7			9	1		
		2	6				3	
	1				3		6	
		5				3		
	6		8				9	
	5				1	8		
		9	3			6		
8		1			2			

完成时间（ ）分

例题4：寻找六余单元的行列摒余解

观察难度进一步加大，下面这道题的焦点是第四行。

	C1	C2	C3	C4	C5	C6	C7	C8	C9
R1		7	8				1		
R2	6								
R3			4	2		5			
R4		9	2		7				
R5	3				4				7
R6					8		6	5	
R7				1		6	2		
R8									4
R9			9				5	8	

请先想一想，再看下面的解答。

	C1	C2	C3	C4	C5	C6	C7	C8	C9
R1		7	8				1		
R2	⑥								
R3			4	2		5			
R4	×	9	2	⑥	7	×	×	×	×
R5	3				4				7
R6					8		⑥	5	
R7				1		⑥	2		
R8									4
R9			9				5	8	

由于 R2C1 是 6，和它同处于第一列的 R4C1 不能是 6。

由于 R7C6 是 6，和它同处于第六列的 R4C6 不能是 6。

由于 R6C7 是 6，和它同处于第六宫的 R4C7、R4C8、R4C9 不能是 6。

故第四行的 6 只能在 R4C4。

下面再通过几道题目练习一下。

题目 073 ~ 078

073

	2	8		7				
1			8		4			
	9		6					3
		5				9		7
	6			1			4	
7		3				5		
8					9		3	
			4		6			5
				3		1	8	

完成时间（　）分

074

			3					
	7	5			2		4	
4		8				7		
	4		2			5		9
	1			6			8	
7		3			8		6	
		2				1		6
	6		8			9	3	
					5			

完成时间（ ）分

075

9					7			4
			1	9			7	
1					6	2		
				3			6	2
		5		2		4		
2	1			4				
		3	5					7
	2			6	3			
6			9					8

提示：

完成时间（ ）分

076

8	4	1						
		2		6		8		
7			2					
2			5	3			6	
9				2				4
	8			4	6			5
					3			7
		8		7		4		
						9	3	6

完成时间（　）分

077

					8	2	7	
				2		1	9	
2					9			4
5		8	4			6		
				3				
		2			1	7		9
1			7					8
	2	4		8				
	3	6	1					

完成时间（　）分

078

	2			8		5		
	7	9			4		8	
	4				3			9
6	8		7					
				1				
					6		9	7
2			4				5	
	9		5			1	6	
		5		3			4	

完成时间（ ）分

例题 5：寻找七余单元的行列摒余解

聚焦指的是更快速地找到解题点的观察方法或解题技法。前文提到的聚焦方法，不外乎根据数字的排布情况找剩余空格数较少的单元。对于摒除法来说也是一样的，已知个数越多的数字，可以产生更多数量的摒除线，也就更有可能出现摒余解。

	C1	C2	C3	C4	C5	C6	C7	C8	C9
R1				3					2
R2	1				8			4	
R3				7			9	5	
R4		7						3	5
R5	3								8
R6	6	8						1	
R7		6	2			4			
R8		3			5				7
R9	9					6			

上题中已知的 3 有四个，是所有已知数里面最多的，不妨就先看 3。先想一想，

再看下面的解答。

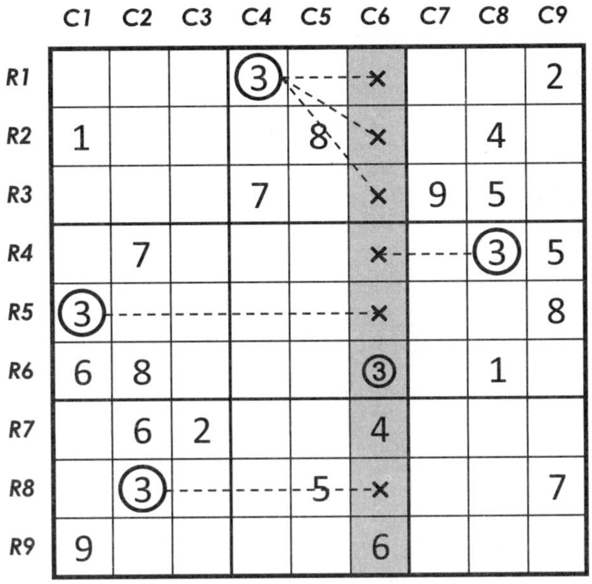

由于 R1C4 是 3，和它同处于第二宫的 R1C6、R2C6、R3C6 均不能是 3。

由于 R4C8 是 3，和它同处于第四行的 R4C6 不能是 3。

由于 R5C1 是 3，和它同处于第五行的 R5C6 不能是 3。

由于 R8C2 是 3，和它同处于第八行的 R8C6 不能是 3。

故第六列的 3 只能在 R6C6。

你同样会问，为什么单纯的行列摒除最多只有六条摒除线呢？从前面的例题中可以看到，所谓“需要两条摒除线”，是在行或列中还剩三个空格时，其中两个空格被摒除线摒除的情况。以此类推，七条摒除线相当于目标行或列有八个空格和一个已知数。要满足“七刀斩”，有两个必要条件：

- 必须产生七条摒除线；
- 不能通过相对来说观察更简单的宫摒除得解。

下面我们用结构图来看一下“七刀斩”在理论上是否有可能实现。假设已知数为 R1C1，为得到第一行★所在位置，可能有以下几种情况。

1. 目标★在第一宫（R1C3）

（1）与第一宫同在一个大区块（区块概念详见条款 9）的第二宫和第三宫已知★的位置，由于同一大区块内的★至多可以产生三条摒除线，加上其他一处不同大区块内的★产生一条摒除线，可满足七条摒除线的要求，如下图所示。

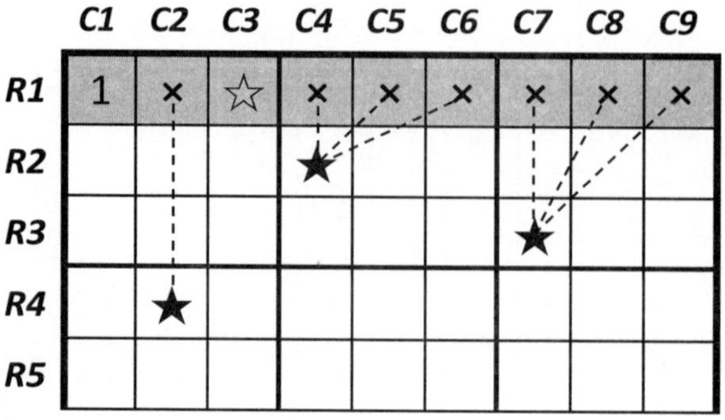

这样确实是七条摒除线，但是通过观察第一宫★的位置完全可以得到相同的结论，即 R1C3 = ★，如下图所示。

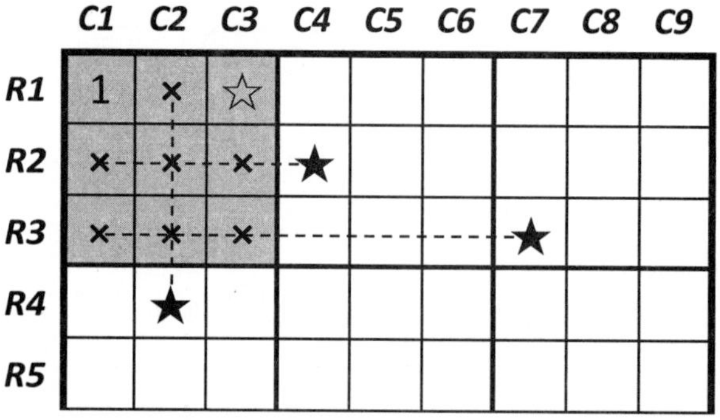

故此结构不成立。

（2）与第一宫在同一大区块的第二宫已知★的位置，其他摒除线由不同大区块内的★产生。

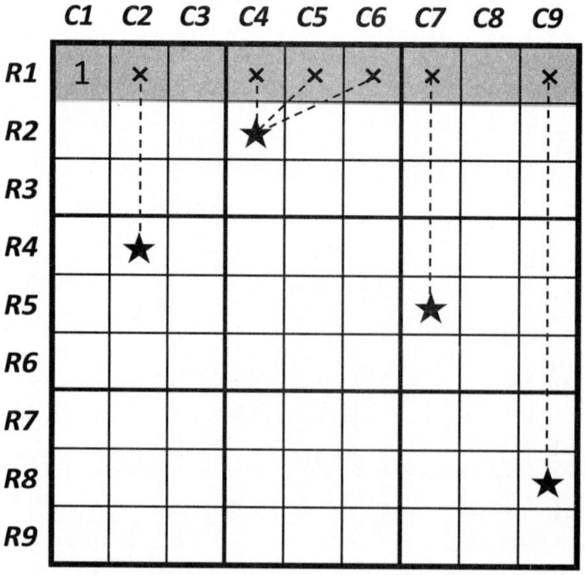

这种情况至多只有六条摒除线，故也不存在行列摒除解。

(3) 已知★位置位于第四至九宫，这样至多只能产生五条摒除线，也不符合条件。

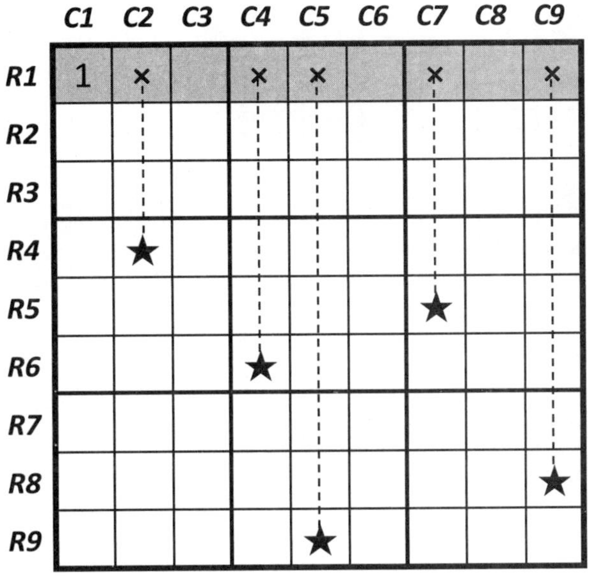

2. 目标★在第二宫（R1C4）

(1) 与第二宫同在一个大区块的第一宫和第三宫已知★的位置。

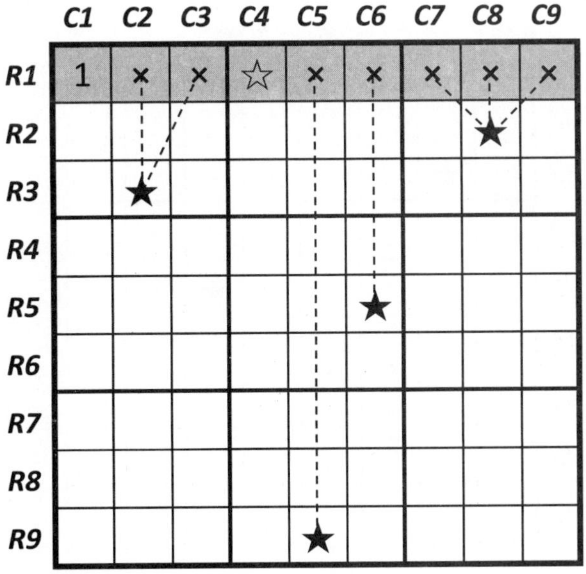

与1（1）一样，虽然有七条摒除线，但可以通过对第二宫摒除得到相同的结论。

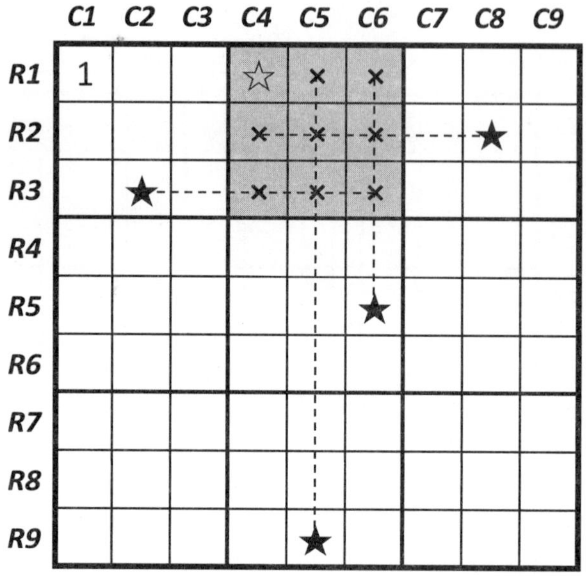

故此结构不成立。

（2）与第二宫同在一个大区块的第一宫已知★的位置，其余已知★分布在第五、六、八、九宫。

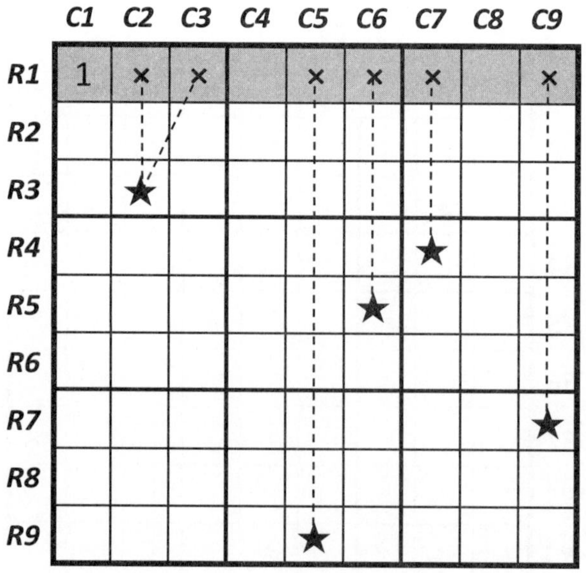

在这种情况下，至多有六条摒除线，可以排除这种结构的可能性。

(3) 与第二宫同在一个大区块的第三宫已知★的位置，其余已知★分布在第四、五、七、八宫。

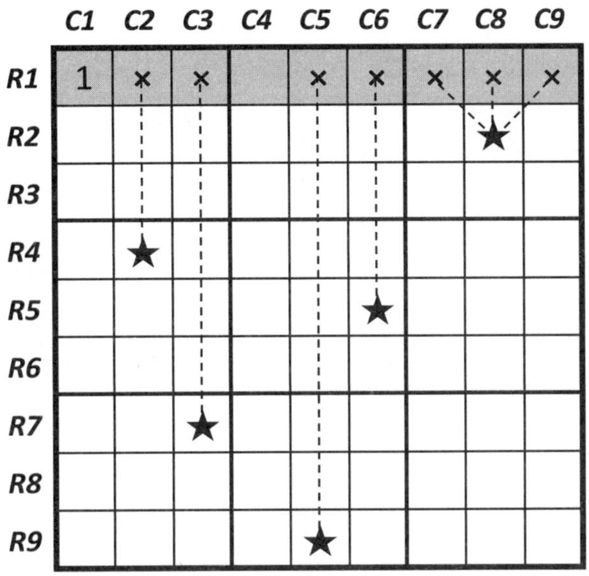

这种结构看起来可以，第二宫也不可能通过宫摒除得到★的位置。但是细心的读者可能发现了第一宫是可以通过宫摒除得到★的位置的，如下图所示。

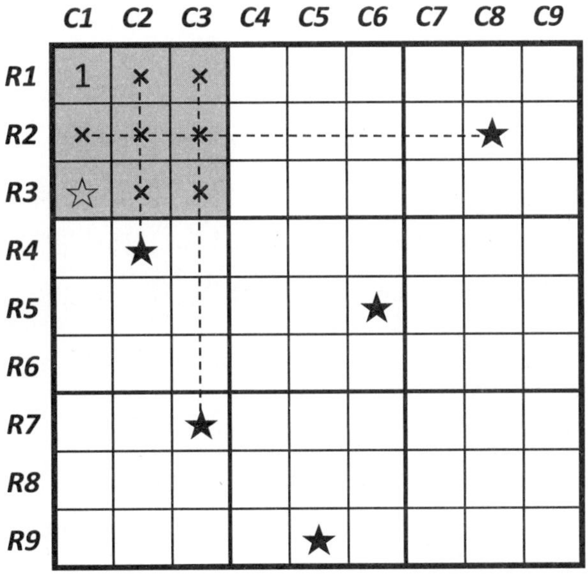

既然已经知道第一宫★的位置，也可以顺势通过宫摒除得到第二宫★的位置。故此结构不符合条件。

（4）已知★位置位于第四至九宫，这样至多只能产生六条摒除线，也不符合条件。

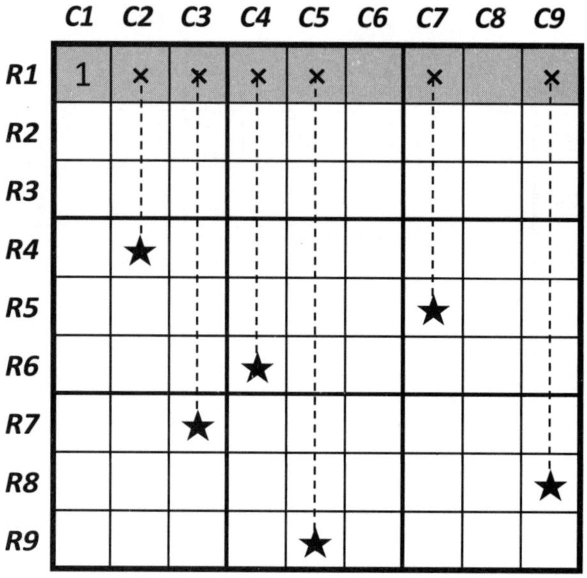

根据上述分析，并不存在单纯的“七刀斩”。所有的结论都是有理有据的，这也是数独作为一种逻辑推理游戏的魅力。

小结

为了证明单纯“七刀斩”的结构并不存在，我们使用了大量的结构图。一方面，结构图可以帮助我们分析数独技法的可行性，另一方面，数独技法就是从题目的解题过程中总结出来的适用于一般情况的结构，两者相辅相成。在后面的讲解中我们也会使用结构图配合实例的方式，帮助各位读者更好地理解解题技法。

条款8　摒除优先还是唯余优先？

——两大基础技法的博弈

查看题目答案请扫码

随着前面的介绍，相信不少读者要问了，到底应该先“数找格填”还是“格找数填”呢？回答这个问题之前，先来看几个例子。

	C1	C2	C3	C4	C5	C6	C7	C8	C9
R1	7					3			
R2							9		6
R3	4		6	9					
R4					8			4	2
R5		4	2		9		1	6	
R6	5	1			2				
R7						2	8		7
R8	8		3						
R9				7					3

使用摒除法（包括宫摒除法和行列摒除法）可以解出下面这个盘势，出数顺序由序号依次标出。

	C1	C2	C3	C4	C5	C6	C7	C8	C9
R1	7					3			
R2						⑰4	9		6
R3	4		6	9		⑱5			
R4			③7	⑬3	8	⑭1	⑥5	4	2
R5	⑫3	4	2	⑪5	9	⑩7	1	6	④8
R6	5	1	②8	⑯4	2	⑮6			⑧9
R7			⑲4		⑨3	2	8		7
R8	8	①7	3			⑦9			
R9				7		⑤8			3

使用唯余法可以解出下面这个盘势，出数顺序由序号依次标出。

	C1	C2	C3	C4	C5	C6	C7	C8	C9
R1	7					3			
R2							9		6
R3	4		6	9					
R4					8			4	2
R5	①3	4	2	②5	9	③7	1	6	④8
R6	5	1			2				⑤9
R7						2	8		7
R8	8		3						
R9				7					3

上题中，摒除法可以解出 19 格（仅用宫摒除法可以解出 7 格），唯余法可以解出 5 格。这是否说明摒除法的效率更高呢？还是再来看一个例子。

	C1	C2	C3	C4	C5	C6	C7	C8	C9
R1	6	8		5	2		7		
R2	2			4					
R3		7	5						
R4		6	3			1			
R5		2			8			5	
R6				2			4	9	
R7							3	8	
R8						3			4
R9			1		9	2		7	5

使用唯余法可以解出下面这个盘势，出数顺序由序号依次标出。

	C1	C2	C3	C4	C5	C6	C7	C8	C9
R1	6	8	⑤4	5	2	①9	7	⑪3	⑫1
R2	2		④9	4		⑲7	⑮5	⑬6	⑯8
R3		7	5					⑭4	
R4		6	3	⑱9		1	⑧8	②2	⑰7
R5		2	⑥7		8		⑨1	5	
R6			⑦8	2			4	9	
R7							3	8	
R8						3		⑩1	4
R9			1	⑳8	9	2	③6	7	5

使用摒除法（包括宫摒除法和行列摒除法）可以解出下面这个盘势，出数顺序由序号依次标出。

	C1	C2	C3	C4	C5	C6	C7	C8	C9
R1	6	8		5	2		7		
R2	2			4			①5		
R3		7	5						
R4		6	3			1			
R5		2			8			5	
R6				2			4	9	
R7							3	8	
R8						3			4
R9			1		9	2		7	5

20:1 的解出率是否又说明唯一余数法更好用呢？这是怎么回事。再来看下面的例子。

	C1	C2	C3	C4	C5	C6	C7	C8	C9
R1					5				6
R2								9	
R3	9	2	4			8	7		
R4	2	5				6			
R5			3		8		9		
R6				7				5	1
R7			7	6			3	1	2
R8		6							
R9	3				4				

使用摒除法（包括宫摒除法和行列摒除法）可以解出下面这个盘势，出数顺序由序号依次标出。

	C1	C2	C3	C4	C5	C6	C7	C8	C9
R1					5				6
R2								9	
R3	9	2	4	③1	②6	8	7	④3	①5
R4	2	5				6		⑥7	⑤3
R5			3		8		9		
R6				7				5	1
R7			7	6			3	1	2
R8		6							
R9	3				4				

使用唯余法可以解出下面这个盘势，出数顺序由序号依次标出。

	C1	C2	C3	C4	C5	C6	C7	C8	C9
R1					5				6
R2								9	
R3	9	2	4	②1	③6	8	7	①3	④5
R4	2	5				6			
R5			3		8		9		
R6				7				5	1
R7			7	6	⑤9	⑥5	3	1	2
R8		6							
R9	3				4				

这次是6:6，不相伯仲。

而下面这道题，不管用行列摒除法还是唯一余数法观察，都可以得到R5C9的解。

	C1	C2	C3	C4	C5	C6	C7	C8	C9
R1	2				7				9
R2		4						7	
R3	9		7				3		5
R4	6			2		1			8
R5		2						1	
R6	8			3		4			6
R7	7		2				5		4
R8		3						8	
R9	4				6				7

通过以上的例题可以看出，摒除法和唯一余数法哪个更占优是因题而异的，而且某些格子可以由摒除法得解，也可以由唯余法得解，只是解题顺序上略有差异。当我们拿到一道题目的时候，其实并不能直接判断出哪一种方法对出数更有利，所以最好

的方法就是按照自己擅长的方法解题。

下面是一些基础技法的综合题，供各位读者在实战中找到更适合自己的观察方式。

题目 079 ~ 128

079

		8		4			1	
1		2			7			4
5						2		
		4	1	8				
9				7				5
				3	9	6		
		1						7
4			7			1		2
	9			6		8		

完成时间（ ）分

080

	6		1					8
5				6			3	7
			2	8				
		4	3				6	
9				1				2
	2				9	4		
				9	3			
4	9			5				6
7					1		8	

完成时间（ ）分

081

3				4			9	6
	2	4	7					
	5		6					
	1		9					
		9	2	5	4	8		
					1		7	
					9		1	
					6	3	8	
5	3			1				2

完成时间（　）分

082

			6			9		2
3								5
8		7	5				1	
				8			9	
9		1		6		4		3
	7			3				
	5				4	2		6
4								9
6		9			8			

完成时间（　）分

083

	1		6	3			7	
					4			
6		8		7			5	9
7	2		1					
				6				
					9		1	5
3	9			2		5		1
			9					
	8			5	7		4	

完成时间（ ）分

084

	4			9				
	3	1				4		
9		7	4		1			
6				2				
	7	5				6	2	
				8				5
			1		2	3		8
		9				2	5	
				3			7	

完成时间（ ）分

085

			7				3	
				2		6		
4	5	9						7
		2		3	6			8
	6						9	
8			4	5		1		
1						3	4	2
		7		8				
	3				4			

完成时间（ ）分

086

				8				
6						8		3
			4		9			6
	7			9	4	1		
	2		7		5		6	
		4	2	3			7	
9			5		7			
1		2						5
				4				

完成时间（ ）分

087

					7			3
	4							
9		8			2		6	
		1	5			6		
4		2	3		6	9		1
		6			8	4		
	1		8			7		9
							2	
3			9					

完成时间（ ）分

088

2				4			9	1
	8	7						
5				1	3		7	
			2					
9	7						8	4
					6			
	4		5	6				9
						6	2	
6	1			7				5

完成时间（ ）分

089

	9	1	4				8	6
				1				
	5				6		7	
		8					2	
			8	9	7			
	1					3		
	4		6				3	
				2				
6	8				3	4	5	

完成时间（　）分

090

2			4	9				
	7							
	8	4				9	2	
				1			5	8
		1		6		4		
6	3			2				
	5	3				1	6	
							7	
				3	9			4

完成时间（　）分

091

3						8		
	6	4		7				
	7				2			9
9					7	5		
		6		9		1		
		2	1					3
6			4				8	
				5		7	4	
		3						5

提示：

完成时间（ ）分

092

				6	5		7	
			8					3
1					3	2	8	
							4	9
		7		4		1		
2	4							
	9	2	4					6
3					6			
	6		7	9				

完成时间（ ）分

093

6				8	4	5		3
9					5		8	
						2		
7	5	6						
				1				
						9	4	8
		2						
	7		6					2
8		4	3	9				7

完成时间（　）分

094

	6						7	
	3		4			2		9
				7	1			
4	7		2	3				
				5	7		6	2
			7	1				
5		7			6		8	
	9						4	

完成时间（　）分

提示：

095

			9	8			7	
		3		6			9	
4					3			1
8		6				2		
		1				5		9
2			7					5
	1			4		7		
	4			3	5			

完成时间（ ）分

096

		2	1	3		6		
7	3							4
	1			4				
8			5					
		4				1		
					6			9
				8			6	
9							7	5
		3		7	2	8		

完成时间（ ）分

097

7			4	1		8		
			8		6		3	
								4
					8		5	9
4								7
1	9		2					
8								
	5		6		3			
		6		7	9			2

完成时间（ ）分

098

5			3			9		2
			9			1		
	9					8		
	7		5		1		6	
	6		7		2		8	
		3					4	
		7			4			
2		6			8			5

完成时间（ ）分

099

	3			5				
	7			8	1			
8							4	2
4			5			6		3
	9			1			7	
6		7			2			4
9	6							7
			3	9			8	
				4			5	

完成时间（ ）分

100

					8	7		3
					1	6		8
			2	9			5	
	6	8	1					
9				5				4
					9	1	7	
	9			8	2			
5		4	9					
7		2	3					

完成时间（ ）分

101

2	8				6	1		
		5	1					3
					9			6
				4			3	
	5	3		6		8	1	
	2			7				
8			6					
5					7	9		
		7	5				2	4

完成时间（　）分

102

		6	8	3		9		
			1					
9	5		7				1	
	4	9				2		
	7			1			6	
		3				4	7	
	8				1		2	3
					6			
		4		8	3	1		

完成时间（　）分

103

					3	1		6
	9				6			4
			4	7		3		
		1						9
4	8			3			6	1
2						4		
		5		6	8			
8			3				4	
7		2	5					

完成时间（ ）分

104

				5		4	6	
	6	9						5
	7				2			
7			1			5		
1	8						4	2
		4			7			8
			2				5	
8						6	1	
	4	3		9				

完成时间（ ）分

105

2					9	7		
4		8	7			6		
							4	2
	7			3			2	
			8		1			
	6			5			3	
7	4							
		5			6	8		1
		9	3					4

完成时间（　）分

106

		4	6	2			9	
	2		8				1	
8					4			
3				5		2		
	5						4	
		9		1				6
			7					3
	7				9		8	
	8			6	1	7		

完成时间（　）分

107

	7		4					
4		8		6		7		
		1				4	9	
6			9	1				
	2						3	
				4	7			5
	3	7				5		
		5		2		8		6
					5		1	

完成时间（ ）分

108

	5	4		2				
9					1			
		8			7	5		
	3		6				7	5
		2				6		
5	6				8		4	
		7	9			1		
			1					3
				3		4	6	

完成时间（ ）分

109

9	6	7				3		
				5			6	
					8			1
		9			2		1	6
				1				
2	1		7			4		
3			4					
	5			9				
		1				7	8	9

完成时间（ ）分

110

					7	4		
				3		9	1	6
8		9	4					
			6				2	
		2		5		1		
	4				9			
					8	7		3
2	5	7		4				
		1	7					

完成时间（ ）分

111

					5			
2		4					8	7
	6	1			7			
				1			9	6
			5	3	8			
3	2			6				
			8			9	3	
7	9					1		4
			4					

完成时间（ ）分

112

9	1						8	
	5		9			1		
				3	1			
1		2	4			8		
				2				
		7			5	4		3
			6	7				
		4			2		9	
	3						6	7

完成时间（ ）分

113

					5		2	6
			6				1	
	3			7	4			
8						9		2
	2			8			6	
7		4						3
			7	1			8	
	7				2			
9	4		5					

提示：

完成时间（　　）分

114

						6		2
		8	4		1			
	2			5			9	
	4			1				
		6	2		7	9		
				3			5	
	3			6			4	
			1		8	7		
1		5						

完成时间（　　）分

115

			1			7	6	5
				5				9
	7	1						
3				9	4			
			2		3			
			5	7				8
						2	4	
4				6				
9	3	5			2			

完成时间（ ）分

116

			8			6		3
2				9				7
	8		6					
			5	1				4
	1						5	
6				3	2			
					5		2	
5				6				1
7		3			4			

完成时间（ ）分

117

	7			2				
		9	4					5
	1						8	
		7	6	5		9		
2								6
		4		1	7	8		
	6						1	
5					3	2		
				9			3	

完成时间（　）分

118

		2			1			
4		8			6			
		1			7			4
	9					2		5
	5						3	
3		7					6	
8			2			1		
			9			5		8
			8			7		

完成时间（　）分

119

8						6		5
			2					
				9	6		7	
		1				5		
5		9		1		3		8
		6				2		
	2		4	8				
					9			
1		7						3

完成时间（ ）分

120

						5		3
	5		1				2	
		4	6					7
					3			5
7				4				1
6			9					
5					7	1		
	2				8		9	
8		3						

完成时间（ ）分

提示：

121

			3			9		2
	4						5	
2				4				
6		1	8					
	7			3			1	
					5	2		8
				7				9
	9						8	
7		4			1			

完成时间（ ）分

122

	9	6			8			
						1	4	
				7				5
		1			7			8
			2	8	9			
6			3			7		
5				1				
	4	3						
			8			9	2	

完成时间（ ）分

123

	9		3			1		
			6				2	
8				9				
5								1
1			5	2	7			6
4								3
				4				7
	5				9			
		7			8		1	

完成时间（ ）分

124

				7				
			1		4			6
3	7	9						
2	4						5	
		5				2		
	1						3	7
						9	4	1
5			2		9			
				8				

完成时间（ ）分

125

1								
	3			7			5	4
	4				2	7		
		9			6	5		
		3	9			8		
		2	4				9	
3	8			2			1	
								3

完成时间（　）分

126

	4						5	
						6		9
7			8	3				
	8	1	4					
5								7
					1	2	3	
				7	6			2
1		9						
	5						4	

完成时间（　）分

127

				5		3		
	3				7		5	
4					8		6	
					2		4	6
9	2		8					
	7		4					1
	5		9				3	
		3		1				

完成时间（　）分

128

		1					7	
					9			6
		2			7		8	
			3	1		4		
	5						2	
		3		6	2			
	7		2			5		
4			6					
	8					9		

提示：

完成时间（　）分

小结

前面所介绍的摒除法与唯余法都是可以通过盘面上的数字直接出数的，我们将可以直接出数的技法称为“基础技法”。但并不是每一道题目都可以仅用基础技法解完的，这时就需要引入一个新的概念——进阶技法，进阶技法弥补了基础技法的不足，通过删数使得盘面中出现摒余解或唯余解。后面的条款将一一介绍常用的进阶技法。

条款 9　由宫摒除产生的新摒除线

——宫摒除区块（Pointing）

查看题目答案请扫码

进行宫摒除时，有时会发现宫内不止一个可能位置，但是所有可能位置处于同一行或同一列，此时便可以排除该行或列内其他格该数的可能性，如下面结构图所示。

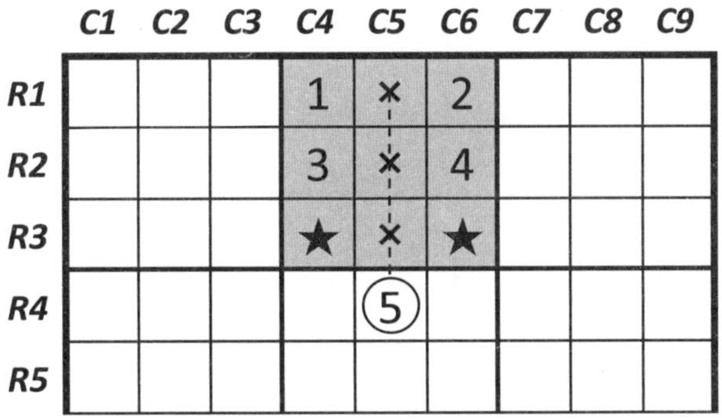

数字 5 对第二宫摒除，得到第二宫的 5 只能在星号处（R3C4 或 R3C6），虽然目前并不能确定是哪一格，但可以确定的是，第三行除了星号处以外的其他格都不能再有 5（用短横线标示），如下图所示。

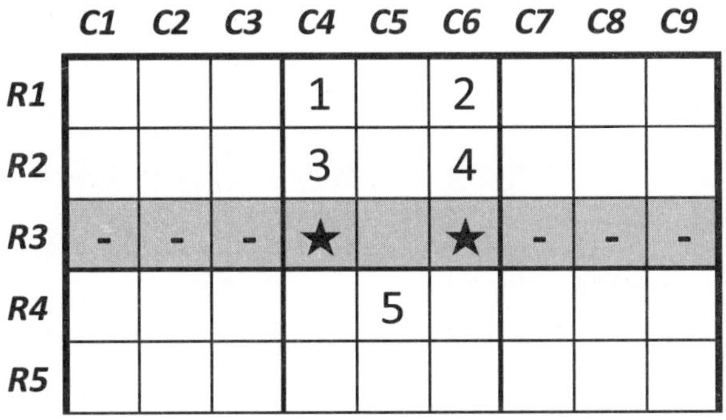

我们将 R3C4 和 R3C6 的数字 5 称为一个区块，由于是由宫摒除产生的区块，因此也被称为宫摒除区块（简称“宫区块”）。若将宫区块当作一条摒除线，再对另一宫摒除，则可能产生宫摒余解，下面是一个实例。

	C1	C2	C3	C4	C5	C6	C7	C8	C9
R1								2	
R2	6	3		9					
R3	2	8			5	6			
R4		6					5		
R5	3			1		7			2
R6			1					3	
R7				7	4			6	8
R8						1		4	7
R9		9							

这道题目的第一步并没有任何位置可以通过摒除法或唯余法出数。不妨来找一下区块，既然本条款的主题是宫摒除，就先看看第一宫吧。

	C1	C2	C3	C4	C5	C6	C7	C8	C9
R1	1	1	×					2	
R2	6	3	×	9					
R3	2	8	×		5	6			
R4		6					5		
R5	3			1		7			2
R6			①					3	
R7				7	4			6	8
R8						1		4	7
R9		9							

数字 1 对第一宫摒除，得到第一宫的 1 在 R1C1 或 R1C2，虽然目前尚不能确定是其中哪一格，但可以确定的是，第一行的其他格都不能再有数字 1。此时，就可以确定第二宫数字 1 的位置，如下图所示。

	C1	C2	C3	C4	C5	C6	C7	C8	C9
R1	1	1		×	-	×		2	
R2	6	3		9	①	×			
R3	2	8		×	5	6			
R4		6					5		
R5	3			①		7			2
R6			1					3	
R7				7	4			6	8
R8						①		4	7
R9		9							

通过这个例子可以看到，第一宫数字 1 的区块就像一层“包装”，将第二宫的宫摒余解隐藏了起来，如果没有找到第一宫数字 1 的区块，也就无法找到宫摒余解。

下面再通过一些题目练习一下。

题目 129 ~ 134

129

		1	8				9	
			3				8	4
				2	7	1		
8	7						1	
			2	7	6			
	6						3	9
		5	6	9				
9	3				2			
	8				5	9		

完成时间（　）分

130

3	7	2			4			
1		8						
			5	3				
6					8	4		1
		1		9		2		
5		3	4					6
				6	7			
						8		7
			9			1	4	3

提示：

完成时间（ ）分

131

9		5	6					
6				9	8			4
					2			1
	4						3	
2		9		5		4		7
	6						2	
3			9					
8			2	1				5
					5	7		2

完成时间（ ）分

132

			2		5			
				8			1	5
		9			3		7	8
4		6				8		
	3			9			5	
		2				1		3
8	9		1			3		
2	7			6				
			8		4			

完成时间（　）分

133

	6	4						8
7	2				8	6		
				6				2
2	5				9			
		3		8		5		
			1				3	7
3				9				
		9	7				8	6
6						4	1	

完成时间（　）分

134

						1		7
5	6		2					
	1			8				
	2	7	9		4			
	5	3		6		4	7	
			7		5	9	2	
				2			3	
					8		1	6
8		5						

完成时间（ ）分

既然可以对另一宫摒除，当然也可以对行列摒除，如下面这个例子。

	C1	C2	C3	C4	C5	C6	C7	C8	C9
R1						2			
R2			2	6	3		8		
R3	3	9	5						
R4		8		7	4				
R5			3				4		
R6					9	1		7	
R7							3	1	7
R8			1		2	8	5		
R9				1					

这题乍看之下有不少宫区块，比如第一宫数字 6 的区块、第一宫数字 8 的区块等，这里需要用的是数字 7 的区块。数字 7 对第八宫摒除，得到第八宫的 7 在 R9C5 或 R9C6，可排除第九行其他格为数字 7 的可能性。

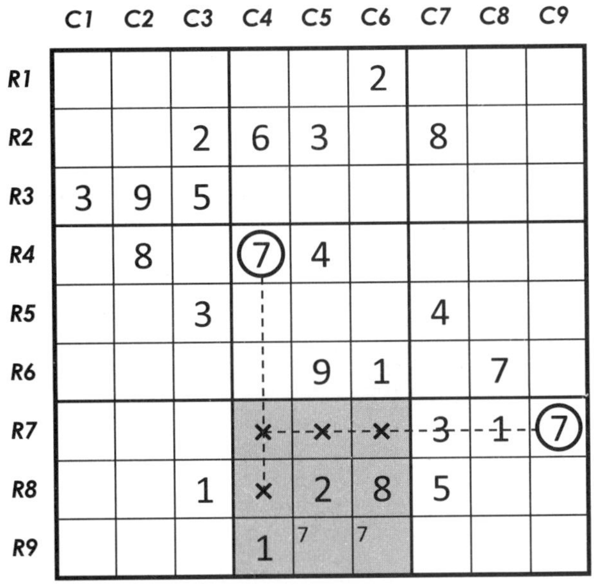

数字7对第三列摒除，得到第三列的7只能在R1C3。

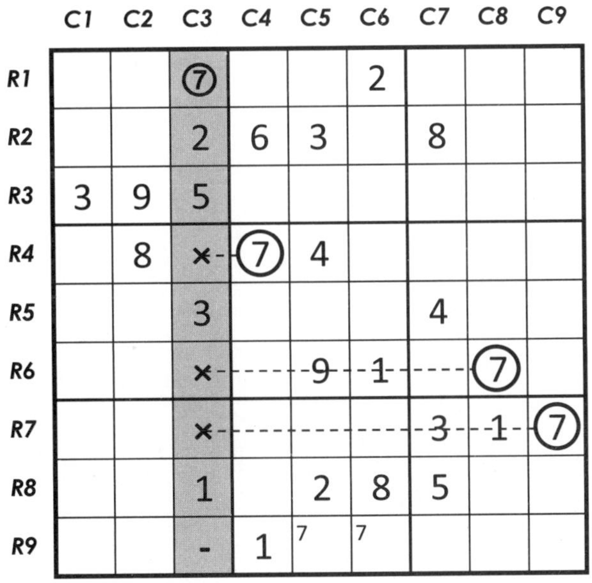

下面再通过一些题目练习一下。

题目 135 ~ 140

135

5		7		3		9		
	6		1				4	
	9				5			
8		2			9		5	
	5		7			4		6
			3				8	
	2				6		9	
		5		1		6		7

完成时间（ ）分

提示：

136

		6			7	1		
1				4	2			9
	3			1		7		
							8	
		2	9	5	1	6		
	6							
		3		8			4	
4			1	2				3
		8	4			2		

完成时间（ ）分

137

	6	9			5			
				1		9	6	
		8	7	6				
3							4	6
		2				8		
9	8							3
				7	2	5		
	1	5		3				
			6			4	2	

完成时间（　）分

138

4					2		8	
			8					
		9				2	1	4
		6	9			1		
8			2		3			6
		5			7	3		
3	6	4				5		
					9			
	1		4					3

完成时间（　）分

139

6					8		2	
		8			6	7		
9				3				1
					3	2	9	
5								7
	7	6	8					
4				2				9
		9	4			1		
	1		6					2

完成时间（ ）分

140

8	4		9				6	
1	2		5					
				6	8			
		4	6				8	
		7				5		
	8				1	4		
			2	7				
					4		1	2
	3				6		9	4

完成时间（ ）分

转换一下思路，我们不仅可以将区块当作一条新的摒除线用，也可以将这个区块当作一个数字使用，那就可能产生唯余解，如下面这个例子。

	C1	C2	C3	C4	C5	C6	C7	C8	C9
R1			4		6		9		
R2	8		9	4		2			
R3			5						7
R4	5							1	
R5				1	8	4			
R6		2							6
R7	3						7		
R8				8		7	5		3
R9			2		9		6		

各位读者可以先尝试找找看，再看下面的解答跟你想的是不是一样。数字 1 对第九宫摒除，得到第九宫的 1 在 R7C9 或 R9C9，可以排除第九列其他格数字 1 的可能性。

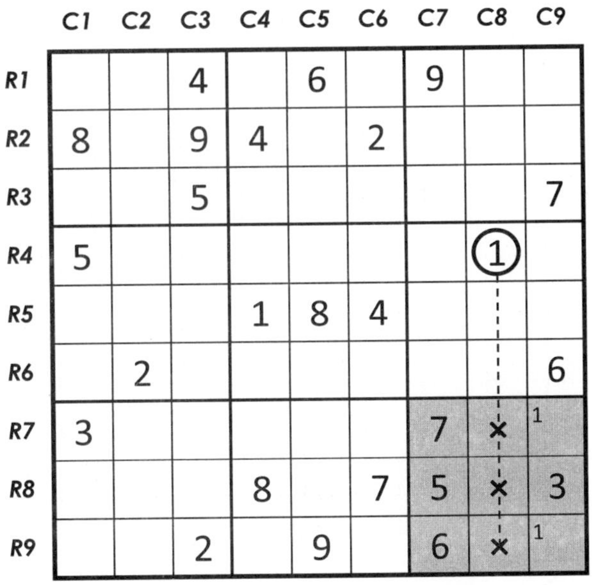

区块将目标聚焦到第九列，由于 1 的区块当作一个数字使用，所以可以排除已经

有 1 的第六宫 R4C9、R5C9 产生唯余解的可能性，不难找到 R2C9（只剩下数字 5 可以填）。

	C1	C2	C3	C4	C5	C6	C7	C8	C9
R1			4		6		9		
R2	8		9	4		2			5
R3			5						7
R4	5							1	
R5				1	8	4			
R6		2							6
R7	3						7		1(小)
R8				8		7	5		3
R9			2		9		6		1(小)

下面再通过一些题目练习一下。

题目 141 ~ 146

141

4			2					
1						6		
				1	8		5	7
					4	9	8	
	3			6			7	
	5	6	7					
6	7		1	9				
		3						1
					2			9

提示：

完成时间（ ）分

142

3				9		1		
			5		2	3		
	8				6			
	4	8				6	5	
				8				
	1	7				8	2	
			4				9	
		2	6		8			
		3		7				1

完成时间（　）分

143

7				6		9	2	1
1	5						3	
		6						
5			1		3			
				9				
			5		6			4
						2		
	1						7	8
4	7	8		2				6

完成时间（　）分

144

9		6						
	7	4						5
					2	4	8	
					1		3	
		7	4	5	8	2		
	4		6					
	6	5	9					
1						8	6	
						5		3

完成时间（ ）分

145

7				6	4			
		4					9	5
8	5		9					
						4	5	
			6	2	3			
	3	1						
					9		3	7
2	7					5		
			1	5				6

完成时间（ ）分

146

8		6			3			
			1		6	9		
3		7						
2		5			4			
	3			5			7	
			3			6		5
						5		9
		8	9		1			
			6			2		7

完成时间（　）分

以上就是单一宫区块与基础技法的三种组合形态：

(1) 宫区块→宫摒除；

(2) 宫区块→行列摒除；

(3) 宫区块→唯一余数。

其中第三种对大部分人来说是最难观察到的，究其原因，宫区块是以摒除的观察方式“数找格填”得到的，而唯余的观察方式是“格找数填”，这对于思维的灵活变通要求较高。但因受限于区块的删减范围，实际上所需观察的可能产生唯余解的范围仅仅是某一行或一列，且至多只需观察六格（区块所在宫内是不需要观察的），只要了解宫区块有这样的使用方法，稍加注意，也不难发现。

条款 10 魔术解法之一：利用宫区块解决较难观察的行列摒除

在“条款 5”和“条款 7”中我们提过，宫摒除仅需观察 5/9 的盘面，而行列摒除需要观察整个盘面，但如果我告诉你，其实很多较难观察的行列摒除卡点是可以通过宫区块拆解成“宫区块→宫摒除”模式的，是不是感觉一下子容易了很多呢？不妨就以“条款 7”中的例题 5（七余单元的行列摒除解）为例看一下。

数字 3 对第八宫摒除，得到第八宫的 3 只能在 R7C5 或 R9C5，故可排除第五列其他格数字 3 的可能性。

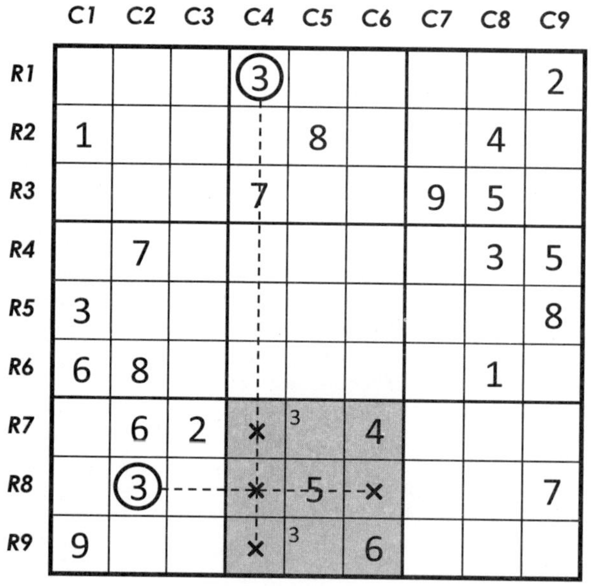

数字 3 对第五宫摒除，得到第五宫的 3 只能在 R6C6。

	C1	C2	C3	C4	C5	C6	C7	C8	C9
R1				③					2
R2	1				8			4	
R3				7			9	5	
R4		7		×	×	×		③	5
R5	③			×	×	×			8
R6	6	8		×	-	③		1	
R7		6	2		3	4			
R8		3			5				7
R9	9				3	6			

再来看一个例子。

	C1	C2	C3	C4	C5	C6	C7	C8	C9
R1		7						9	
R2			1				4		
R3				5		7			
R4			4		8		2		
R5		9						5	
R6			8		1		3		
R7				2		8			
R8			9				1		
R9		5						6	

若使用行列摒除，可以按照如下的观察方式进行观察。

数字 5 对第三列摒除，得到第三列的 5 只能在 R1C3。

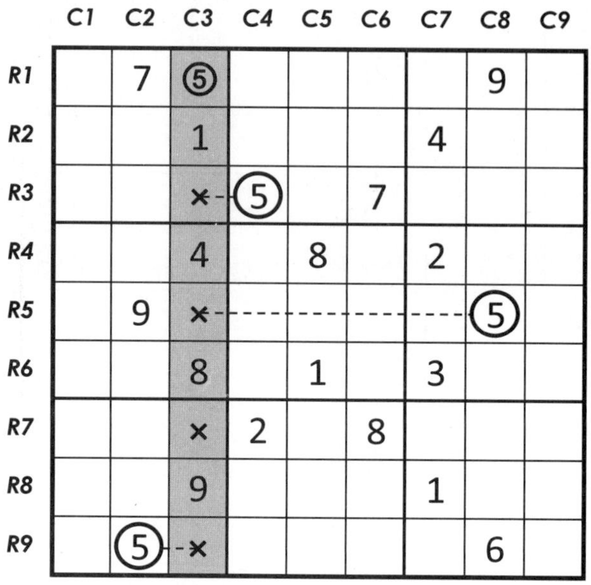

以宫区块拆解的方式则可以分为下面两步。

（1）数字 5 对第四宫摒除，得到第四宫的 5 在 R4C1 或 R6C1，故可以排除第一列其他格数字为 5 的可能性。

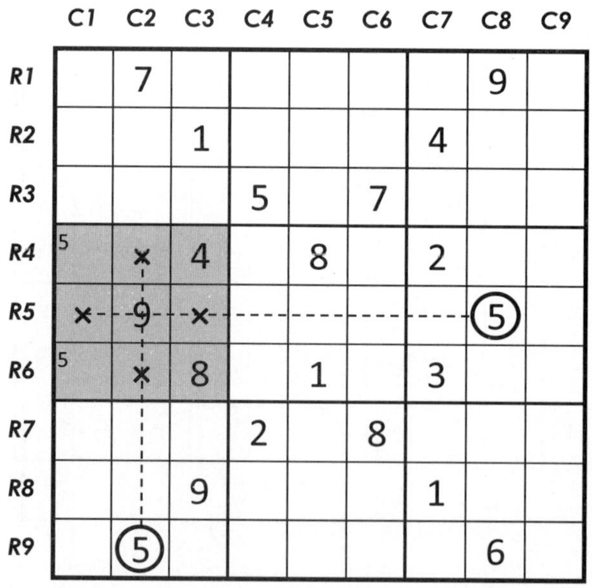

（2）数字 5 对第一宫摒除，得到第一宫的 5 只能在 R1C3。

	C1	C2	C3	C4	C5	C6	C7	C8	C9
R1	-	7	⑤					9	
R2	-	×	1				4		
R3	×	×	×	⑤		7			
R4	5		4		8		2		
R5		9						5	
R6	5		8		1		3		
R7				2		8			
R8			9				1		
R9		⑤						6	

也有一些复杂的情况，并不能通过单一宫区块简化，而需要双区块（两个宫区块）。下面用一道例题来看看是如何推导的。

	C1	C2	C3	C4	C5	C6	C7	C8	C9
R1	1			2					6
R2		4			8				
R3			2			4	7		
R4	4			7			9		
R5		6						1	
R6			1			9			3
R7			4	6			8		
R8					4			2	
R9	7					8			9

首先以行列摒除的观点来看。

（3）数字 4 对第九列摒除，得到第九列的 4 只能在 R5C9。

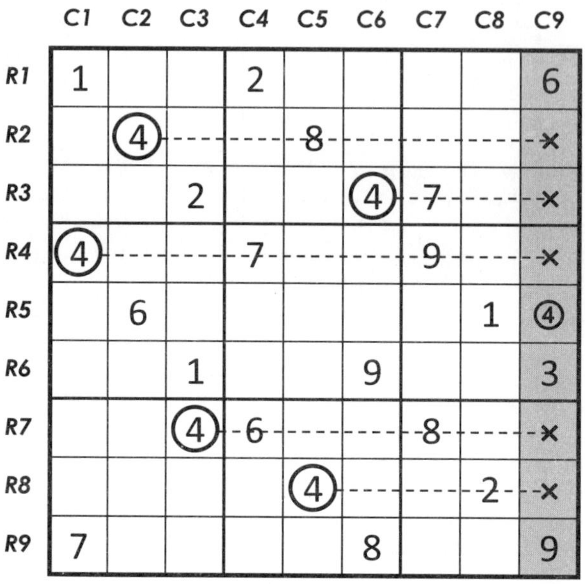

若以宫区块来观察，则需要拆分为三步。

（1）数字 4 对第三宫摒除，得到第三宫的 4 在 R1C7 或 R1C8。

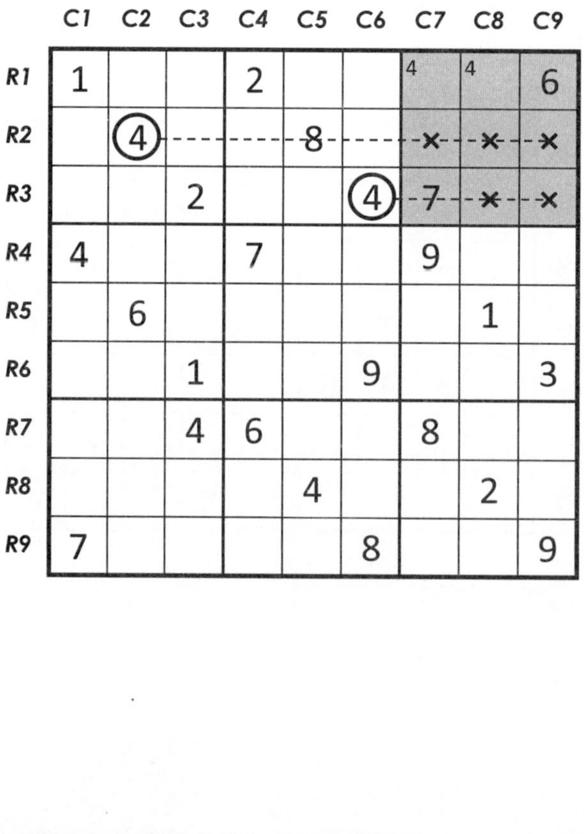

（2）数字 4 对第九宫摒除，得到第九宫的 4 在 R9C7 或 R9C8。

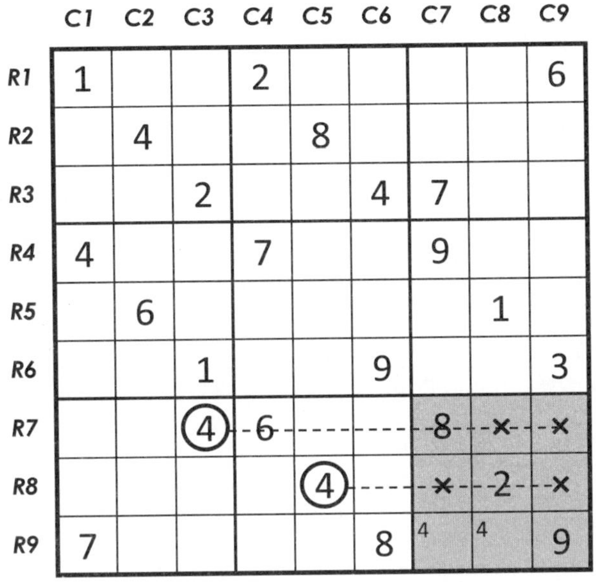

（3）由于第三宫和第九宫的 4 刚好分布在第七列和第八列，所以除了这四格之外，第七列和第八列的其他格都不能是 4。

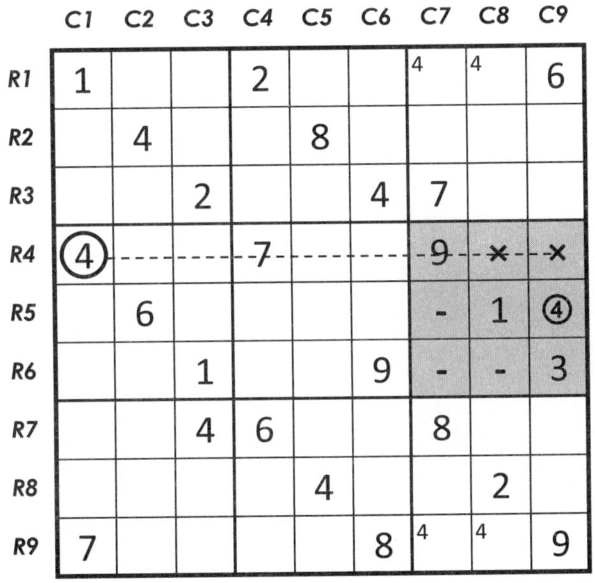

由前面的结论，加上 R4C1 数字 4 的摒除线，得到第六宫的 4 只能在 R5C9。

小 结

犹如那句“不能一步登天，就一步一步登天”，行列摒除可以通过区块宫摒除，多走一步得到相同的结果。根据上面几道题的比较，可以看出一部分的行列摒除用宫区块宫摒除观察是一条比较好的策略，通过中介让观察范围缩小，观察难度降低。

最后一个例子是一个相当困难的行列摒除，用宫区块宫摒除代替的话也需要用到双区块，对比用行列摒除观察并没有明显优势。但其中“两个宫内的数字 4 恰好分布在两列中”的推理思路是值得学习的，某些高级技法也是基于这样的理论。

看到这里，各位读者可以回顾一下在“条款 7”中的练习，尝试使用宫区块宫摒除解解看。

条款 11 魔术解法之二：利用宫区块解决较难观察的基础题

在“条款 10”中，读者会发现不论是使用行列摒除，还是宫区块宫摒除，最后解出的那一格是相同的，所以那种情形叫作“替代观察”。所谓“魔术解法”，也就是通过某种技法让原本比较难观察的变得没这么难观察，假如可以绕过原本比较难的卡点岂不是更妙！在数独解题过程中，使用比较高阶的解题技法化解相对低阶技法所组成卡点的情况并不少见。

比如下面这道题目。

	C1	C2	C3	C4	C5	C6	C7	C8	C9
R1	5					8	6	7	4
R2	7				5				
R3	9			4					
R4	8			1		5	2		
R5		3						4	
R6			6	8		4			9
R7						9			7
R8					8				3
R9	3	8	7	6					5

假如你只会基础技法，那么第一步就可能难倒你。因为此时并没有摒余解，只有一处唯余解（R4C9 =6）。但有了相对高阶的技法“区块”的加入后，情形就不一样了。

数字 3 对第五宫摒除，得到第五宫的 3 在 R4C5 或 R6C5，故第五列的其他格均不能是 3。

	C1	C2	C3	C4	C5	C6	C7	C8	C9
R1	5					8	6	7	4
R2	7				5				
R3	9			4					
R4	8			1	(3)	5	2		
R5		③		×	×	×		4	
R6			6	8	(3)	4			9
R7						9			7
R8					8				3
R9	3	8	7	6					5

数字 3 对第八宫摒除，得到第八宫的 3 只能在 R7C4。继而余下的部分通过宫摒除就能完成了。

	C1	C2	C3	C4	C5	C6	C7	C8	C9
R1	5					8	6	7	4
R2	7				5				
R3	9			4					
R4	8			1	(3)	5	2		
R5		3						4	
R6			6	8	(3)	4			9
R7				③	-	9			7
R8				×	8	×			③
R9	③	8	7	6	×	×			5

小结

各位读者也可以回顾一下在前面基础部分所遇到的难题，尝试用区块能不能化解难点。在后续的条款中，我们也将会介绍其他“替代观察”或是“绕过卡点”的技法运用。

条款 12 由行列摒除产生的新摒除线：行列摒除区块（Claiming）

查看题目答案请扫码

既然宫摒除可以产生区块，那么行列摒除也可以产生区块吗？答案是肯定的。当进行行列摒除时，如果发现行列内不止一个可能位置，但是所有可能位置处于同一宫，此时便可以排除该宫内其他格该数的可能性。

如下面的结构图所示，数字 5 对第一行摒除，得到第一行的 5 只能在★处（R1C7、R1C8 或 R1C9）。

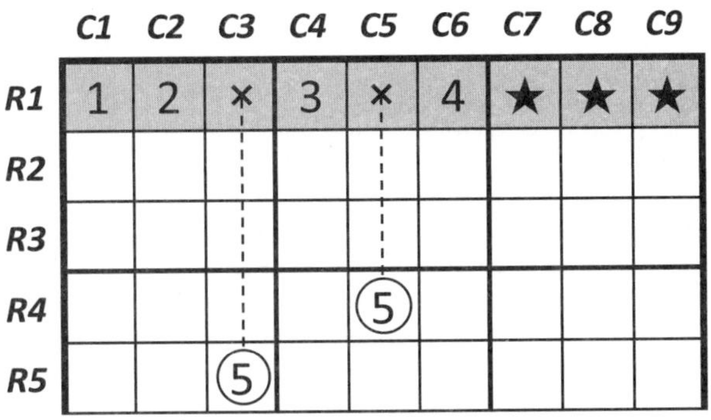

虽然目前并不能确定具体在哪一格，但可以确定的是，第三宫内除了★格之外都不能是 5（用短横线标示），如下图所示。

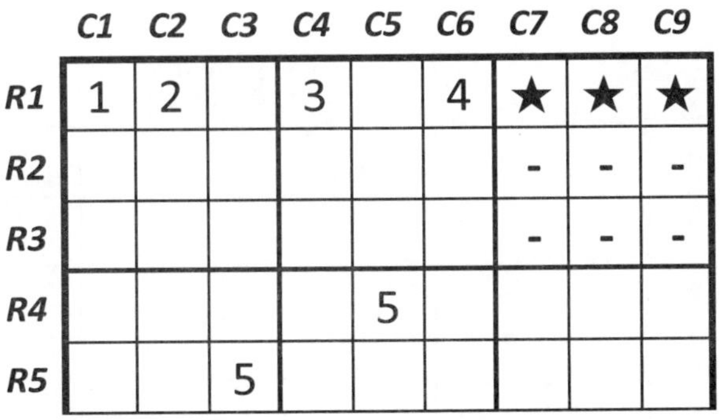

我们将 R1C7、R1C8 和 R1C9 的数字 5 称为一个区块，由于是由行列摒除产生的区块，因此也称为“行列摒除区块”（简称“行列区块”）。对比一下前面的宫区块，两者除了产生的方式不同外，还有什么不同吗？有，可以摒除的范围也不同。在宫区块里，影响的是行列（也可以认为是区块所在宫之外的其他宫），而行列区块影响的则是区块所在的宫本身。

那么问题来了：在“条款9”当中，我们介绍了“宫区块→宫摒除”“宫区块→行列摒除”“宫区块→唯一余数”这三种结构，对于行列区块，是否也有“行列区块→宫摒除”“行列区块→行列摒除”“行列区块→唯一余数”这三种结构呢？可以告诉各位读者，“行列区块→宫摒除”是不存在的，理由正如我们前面所说的，行列区块无法对除它之外的其他宫产生影响。接下来，我们分别看看余下两种情况的演示。

首先是“行列区块→行列摒除”。

	C1	C2	C3	C4	C5	C6	C7	C8	C9
R1						8			
R2			1		4		7		
R3		9		2				8	
R4	7				3		8		
R5		2		8		6		4	
R6			6		1				3
R7		6				5		9	
R8			9		2		1		
R9				6					

先来看一下数字6。数字6对第七列摒除，得到第七列的6只能在R1C7或R3C7，继而可以排除第三宫其他格为6的可能性。

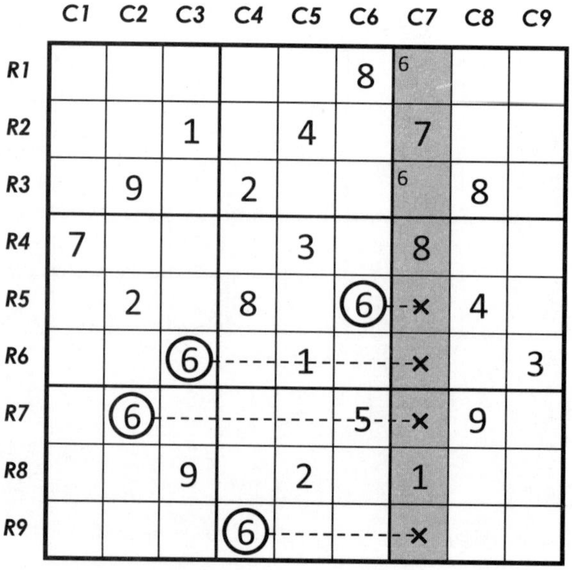

数字 6 对第二行摒除，得到第二行的 6 只能在 R2C1。

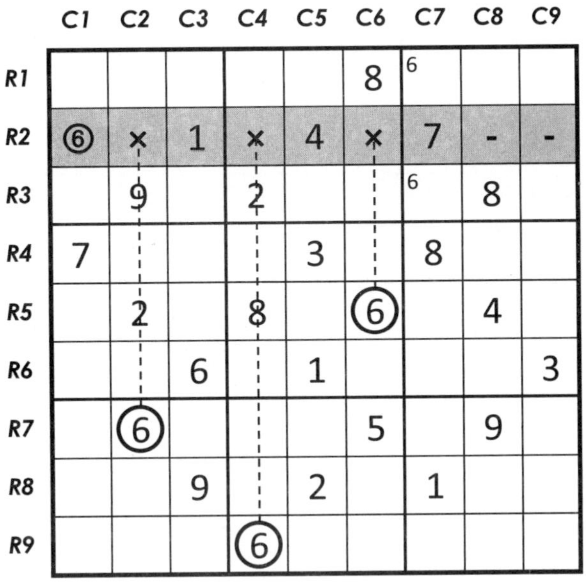

若进一步观察这道题，可以发现还有一个特点，所有提示数 6 和 8 的位置刚好呈 180°旋转对称（比如 R1C6 的 180°旋转对称位置为 R9C4），那么既然数字 6 有这种结构，数字 8 也应该有完全对称且相同的结构。我们一起来看一下。

数字 8 对第三列摒除，得到第三列的 8 只能在 R7C3 或 R9C3，继而可以排除第七宫其他格为 8 的可能性。

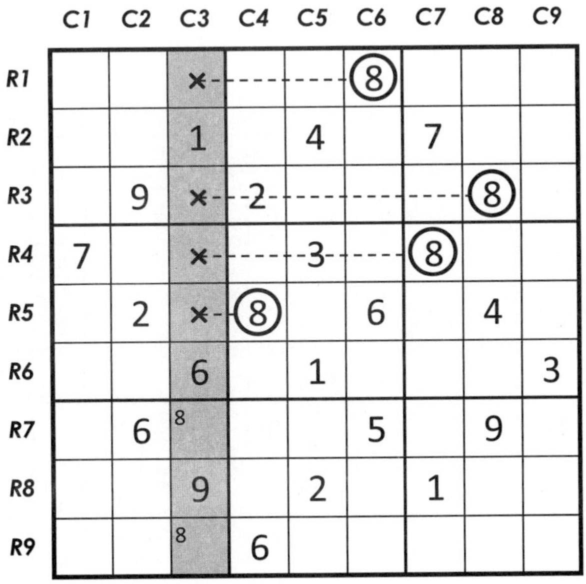

数字 8 对第八行摒除，得到第八行的 8 只能在 R8C9。

	C1	C2	C3	C4	C5	C6	C7	C8	C9
R1						⑧			
R2			1		4		7		
R3		9		2				⑧	
R4	7				3		8		
R5		2		⑧		6		4	
R6			6		1				3
R7		6	8			5		9	
R8	-	-	9	×	2	×	1	×	⑧
R9			8	6					

在设计数独题目时，往往要求提示数的分布位置是 180°旋转对称的，一些比较特殊的则可能是左右对称或是沿着对角线对称的。虽然这样的题目设计难度比一般随机的图形要大，但谜题设计师们还是希望自己的题目兼具“外在美”（漂亮的图案）以及“内在美”（优雅的，可以和解题者产生共鸣的解题过程）。

当你不知道下一步从何处入手时，除了将上一步出数的位置作为线索，也不妨看看和它对称的位置。

在了解行列区块与行列摒除的组合形式后，下面再通过几道题目在实战中练习一下。

题目 147 ~ 152

147

	2	9						1
1						8		
		7	2		9			
		4		5				8
			4		6			
5				8		6		
			7		8	9		
		2						7
9						3	5	

提示：

完成时间（ ）分

148

	8				2			
	3			1			5	
		1	5			9		4
1							2	
			8		7			
	7							8
6		7			9	5		
	4			2			6	
			3				9	

完成时间（　）分

149

			9					4
		9		3			5	
			6		4	3		
	7		4					3
	8						1	
5					2		4	
		2	3		6			
	6			8		7		
3					7			

完成时间（　）分

150

			9				1	4
		3		2			6	
	1			8		9		
			8					
	3	6				7	9	
					5			
		9		5			2	
	5			6		3		
7	4				8			

完成时间（ ）分

151

7			6					9
		6	1					
	2	4			8			
5	8							7
			5		6			
1							9	2
			9			2	5	
					1	7		
2					3			8

完成时间（ ）分

152

			6	2	5		1	
	3							
	6		1					7
8			4			9	5	
	9	4			1			6
7					9		8	
							2	
	5		8	3	6			

完成时间（　）分

在看完“行列区块→行列摒除”后，接着来看一个“行列区块→唯一余数”的例子。

先看第五列的数字 8。

	C1	C2	C3	C4	C5	C6	C7	C8	C9
R1						3	9		
R2		1			5			7	
R3	4			2					
R4	7				9		6		
R5		8		6		4		3	
R6			6		3				2
R7						6			8
R8		6			7			4	
R9			8	5					

数字 8 对第五列摒除，得到第五列的 8 只能在 R1C5 或 R3C5，继而可以排除第二宫其他格为 8 的可能性。

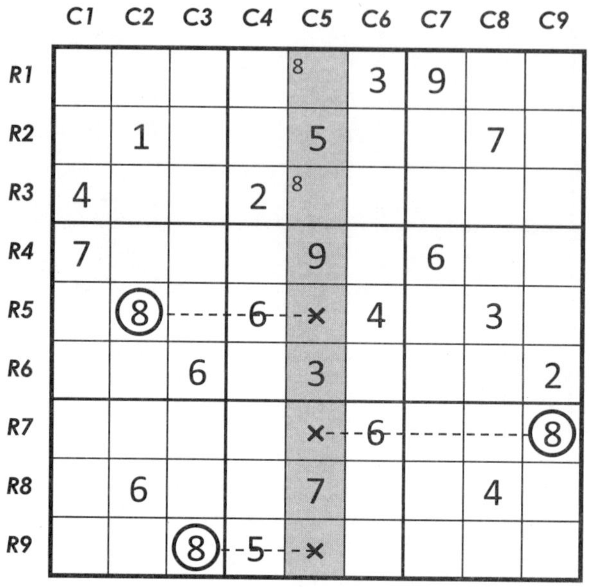

数字 8 的区块将目标锁定到第二宫，点算第二宫除区块外余下的四个位置，不难找到唯余解 R2C6 =9。

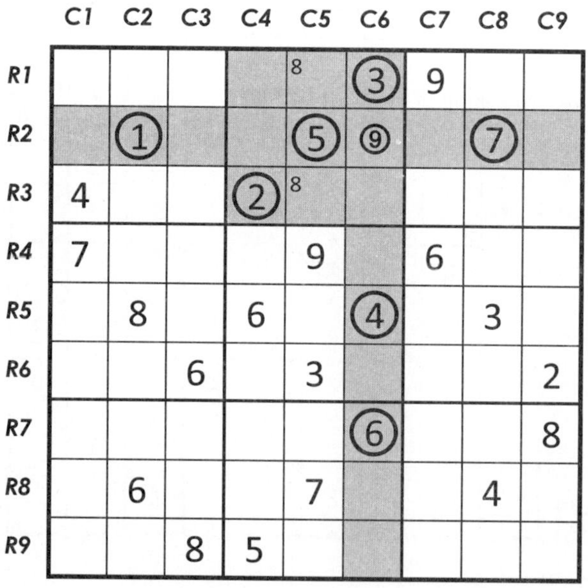

在了解行列区块与唯一余数的组合形式后，下面再通过几道题目在实战中练习一下。

题目 153 ~ 158

153

1		7			9			
	9			7		3		
	5		1		8			4
	8		6					
7				8				3
					3		2	
6			2		4		3	
		9		1			4	
			8			5		7

完成时间（　）分

154

6	4		7					
		3		4		5		
			1		2			3
3	8						9	
		6		7		3		
	9						5	7
4			6		5			
		9		2		4		
					7		1	8

提示：

完成时间（　）分

155

7						9		
	4	1		2			8	
			1	6	7	2		
					1		4	3
				9				
8	5		4					
		3	2	1	6			
	9			8		1	6	
		6						2

完成时间（　）分

156

7		9				6		
			6		5			1
		1	3				7	
5		4						
	9		4	1	2		5	
						2		4
	4				6	3		
1			8		4			
		3				4		8

完成时间（　）分

157

	7		2				9	
	8		9			4		
				5	1			2
		8	1					6
		4		6		1		
1					8	7		
3			5	1				
		6			9		5	
	1				2		3	

完成时间（ ）分

158

9					8		3	
	4			2		5		
2			1			6		
					1		7	
		6	5	9	4	1		
	8		2					
		7			3			5
		2		8			9	
	9		4					3

完成时间（ ）分

条款 13　单一区块的“满汉全席”

查看题目答案请扫码

前面已经提到过不少影响题目难度的因素，其中很重要的一个是“卡点”。如果一道题目当中有多个不同的卡点，并且每个卡点均是不同的结构，那就会很难。比如五种“区块→基础解”的“单一区块”结构，假如在解题过程中需要用到其中的几种，怎么想都是一件困难的事。我们也将这种“集多种结构于一题”的题目称为“满汉全席”。

比如下面这道题目。

区块卡点 1：

	C1	C2	C3	C4	C5	C6	C7	C8	C9
R1	1							6	
R2	2				4				
R3			8		6	2			4
R4		1	2			4	7		
R5									
R6			9	8			3	4	
R7	3			1	7		5		
R8					9				6
R9		7							8

数字 1 对第九宫摒除，得到第九宫的 1 在 R8C7 或 R9C7，故第七列其他格不能再有 1。

	C1	C2	C3	C4	C5	C6	C7	C8	C9
R1	1				8			6	
R2	2				4	1	8		
R3			8		6	2			4
R4		1	2			4	7		
R5							6		
R6			9	8			3	4	
R7	3			①	7		5	×	×
R8					9		1	7	6
R9		7					1	3	8

数字 1 对第三宫摒除，得到第三宫的 1 只能在 R3C8。(宫区块→宫摒除)

	C1	C2	C3	C4	C5	C6	C7	C8	C9
R1	①				8		×	6	×
R2	2				4	①	8	×	×
R3			8		6	2	-	①	4
R4		1	2			4	7		
R5							6		
R6			9	8			3	4	
R7	3			1	7		5		
R8					9		1	7	6
R9		7					1	3	8

区块卡点 2：

数字 2 对第九宫摒除，得到第九宫的 2 在 R7C8 或 R7C9，故第七行其他格不能是 2。

	C1	C2	C3	C4	C5	C6	C7	C8	C9
R1	1				8		②	6	
R2	2				4	1	8	5	
R3			8		6	2	9	1	4
R4		1	2			4	7		
R5							6		
R6			9	8			3	4	
R7	3			1	7		5	2	2
R8					9		×	7	6
R9	9	7					×	3	8

数字 2 对第七宫摒除，得到第七宫的 2 只能在 R8C2。(宫区块→宫摒除)

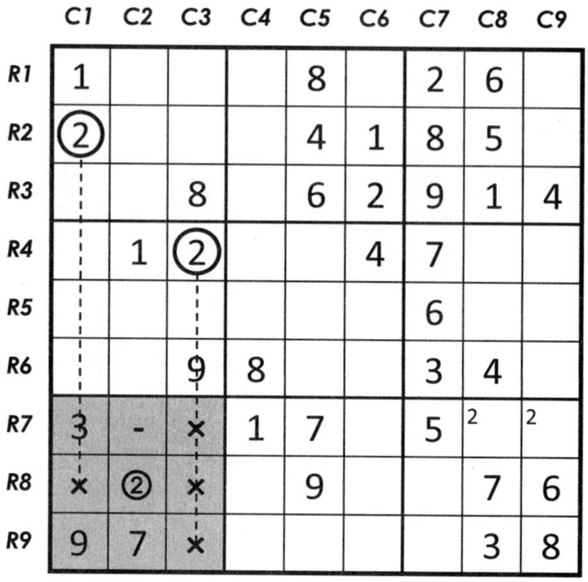

区块卡点 3：

数字 6 对第一列摒除，得到第一列的 6 在 R4C1 或 R6C1，故第四宫的其他格不能是 6。

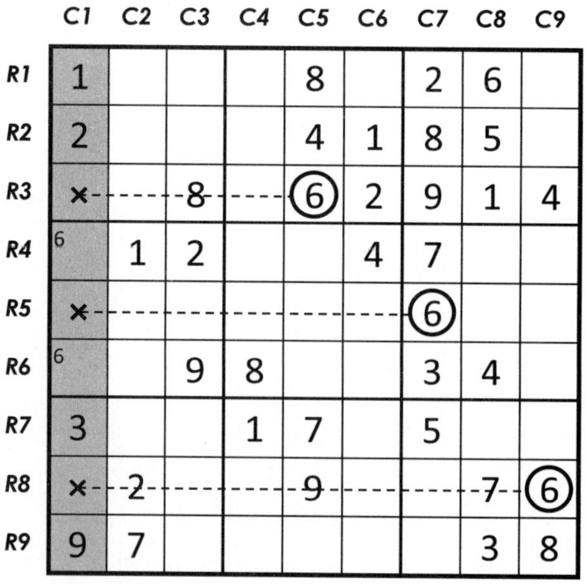

R6C2 所在单元内已经出现过数字 1、2、3、4、7、8、9，加上 6 的区块，R6C2 只能填 5。（行列区块→唯一余数）

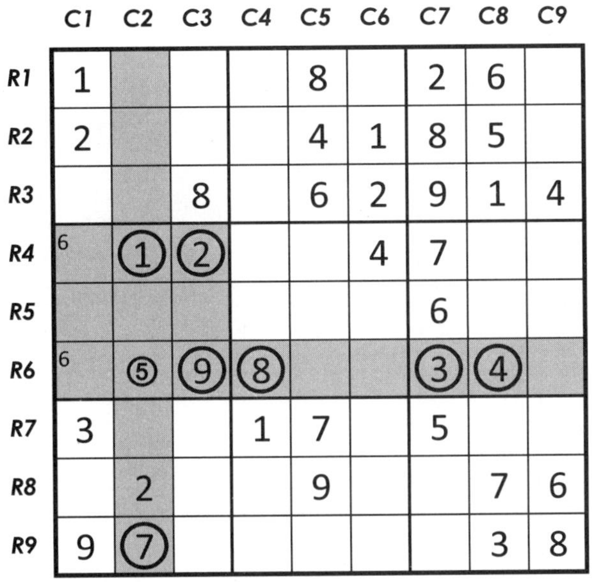

区块卡点 4：

数字 7 对第四宫摒除，得到第四宫的 7 在 R5C1 或 R6C1，故第一列其他格不能是 7。

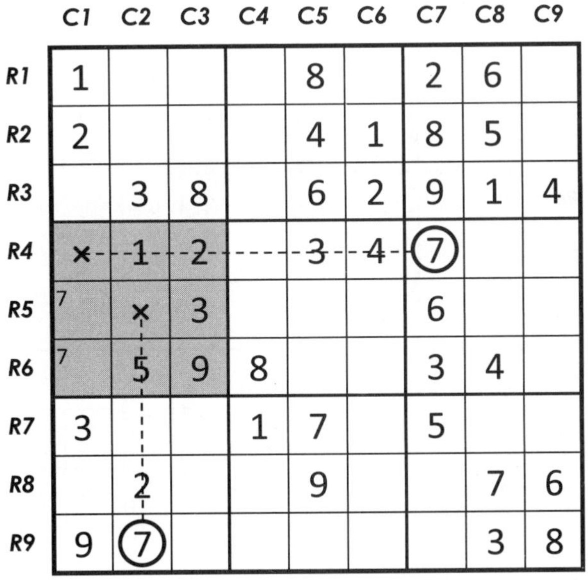

R3C1 所在单元内已经出现过 1、2、3、4、6、8、9，加上 7 的区块，R3C1 只能填 5。(宫区块→唯一余数)

	C1	C2	C3	C4	C5	C6	C7	C8	C9
R1	1				8		2	6	
R2	2				4	1	8	5	
R3	⑤	③	⑧		⑥	②	⑨	①	④
R4		1	2		3	4	7		
R5	7		3				6		
R6	7	5	9	8			3	4	
R7	3			1	7		5		
R8		2			9			7	6
R9	9	7						3	8

细心的读者可能会发现，这个很像“条款 3”中介绍的二余，只不过这里是把数字 7 的区块当作一个数用，若把这个区块当作一条摒除线，则如下图所示。

	C1	C2	C3	C4	C5	C6	C7	C8	C9
R1	1				8		2	6	
R2	2				4	1	8	5	
R3	-	3	8	⑦	6	2	9	1	4
R4		1	2		3	4	7		
R5	7		3				6		
R6	7	5	9	8			3	4	
R7	3			1	7		5		
R8		2			9			7	6
R9	9	7						3	8

数字 7 对第三行摒除，得到第三行的 7 只能在 R3C4。(宫区块→行列摒除)

区块卡点 5：

数字 4 对第七行摒除，得到第七行的 4 在 R7C2 或 R7C3，故第七宫其他格不能是 4。

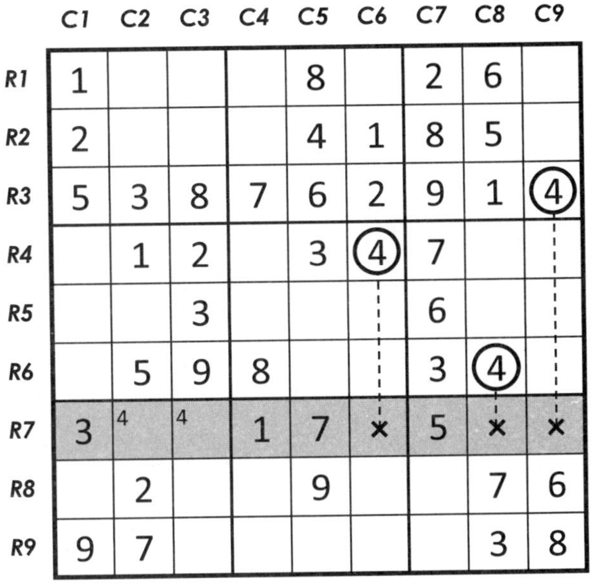

数字 4 对第一列摒除，得到第一列的 4 只能在 R5C1。（行列区块→行列摒除）

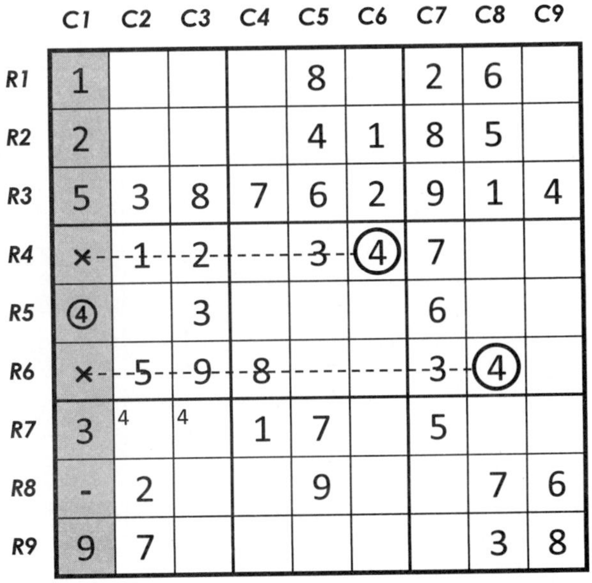

下面的题目也都具有类似的特征，集多种单一区块结构于一题，请各位读者试试看。

题目 159 ~ 170

159

		8		1	2			5
		1						
2	9		5	7				
1		5				4		
	7						8	
		6				9		7
				4	6		1	2
						7		
4			2	3		5		

完成时间（ ）分

160

	9	5			2			1
1				5				
	2		8				7	
	6				3			
2		8				4		3
			2				6	
	7				9		5	
				1				7
4			7			3	2	

完成时间（ ）分

161

						1		
		7	3	8				
					6	4	2	
	1				4			6
5				2				8
2			8				5	
	9	3	1					
				4	5	6		
		5						

完成时间（　）分

162

			6			8	5	
8				1				2
					2		7	
4			9					
5	2						9	4
					4			3
	5		3					
2				5				8
	6	9			7			

完成时间（　）分

提示：

163

		9		6		1		7
						9		
	3							
	5		4	3		2		
	9			1			3	
		6		9	2		5	
							8	
		4						
7		1		4		6		

完成时间（ ）分

164

	9					8		
	1				2			
	2		1	7				5
					4	3		
6				1				4
		1	3					
7				2	9		8	
			6				3	
		5					9	

完成时间（ ）分

165

9		6		4			3	
			6				8	
			3					
	3	9						6
		5		9		1		
7						3	4	
					2			
	8				4			
	7			1		5		2

完成时间（　）分

166

	1				3			
			5			9	8	
				8			6	4
		1						9
	8		2		5		4	
9						6		
3	7			6				
	9	5			4			
			7				2	

完成时间（　）分

167

6			4					2
				3				8
	8		6			3		
	5					7	9	
				8				
	4	6					1	
		5			3		4	
7				5				
2					9			6

完成时间（ ）分

168

	5	4	9					
		8		7				
3								8
		5	4		6	9		
				8				
		1	3		5	4		
7								4
				2		5		
					1	3	2	

完成时间（ ）分

169

		3						
	8				5		4	
				6	2	7		3
		4					7	1
8								6
7	9					2		
2		8	1	4				
	5		3				9	
						1		

完成时间（ ）分

170

			4			8		
5								9
6	9	2					3	
	8		6					
2			9		5			3
					4		1	
	5					1	2	6
3								5
		7			2			

完成时间（ ）分

条款 14　组合区块的奥秘之并列式

查看题目答案请扫码

既然有“单一区块”，那么有两个区块或是更多的区块吗？答案是肯定的，这也是接下来几个条款的主题。

首先，从两个区块与基础解的组合形式说起，其中的两个区块（简称“区块 1”和“区块 2”）有两种不同的逻辑关系。这里用示意图来表示。

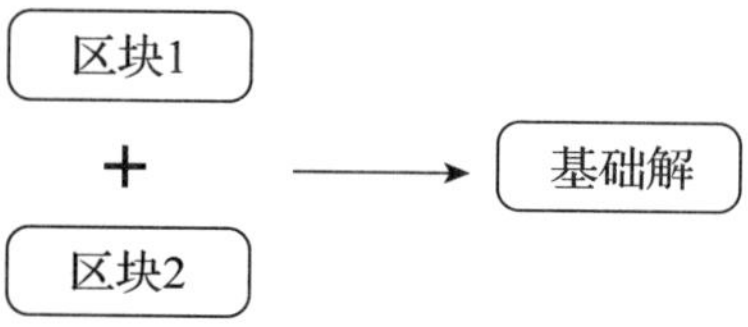

第一种关系中，“区块 1”和“区块 2”是各自独立存在的，但需要同时使用到它们，才能得到基础解。我们将这种结构称为“并列式区块”。

第二种关系中，需要先用“区块 1”，使“区块 2”的结构浮现出来，再通过“区块 2”才能得到基础解。我们将这种结构称为“串列式区块”。

先来看并列式区块。“区块 1”和“区块 2”分别可以是“宫区块 + 宫区块”“宫区块 + 行列区块”“行列区块 + 行列区块”三种组合，基础解则有宫摒除、行列摒除、唯一余数三种形式，理论上它们的组合有 9(3 ×3) 种，但前面已经讲过行列区块是无法得到宫摒除的，故实际上并列式区块存在七种情形。下面一一介绍。

并列式区块结构 1

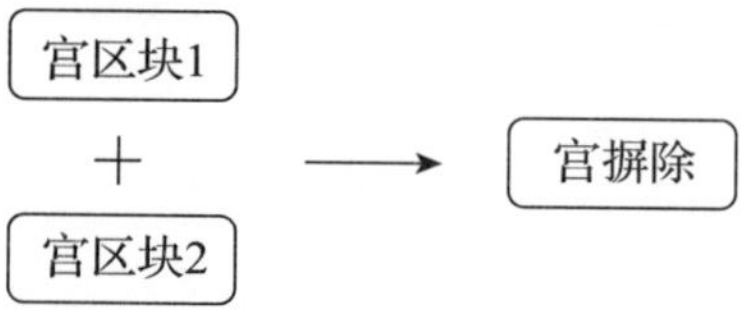

	C1	C2	C3	C4	C5	C6	C7	C8	C9
R1		7						2	4
R2	5	2						1	7
R3			6			7			
R4				3	1		8		
R5					5				
R6			2		6	8			
R7				4			9		
R8	2	6						3	5
R9	1	8						7	

这个例子中第一步并没有任何基础解可解的位置，而区块则有好多个，如何利用这些区块呢？不妨看一下数字9，目前提示数当中只有一个是9，但当它分别对第三宫和第七宫摒除的时候，都可以得到一个宫区块。

数字9对第三宫摒除，得到第三宫的9在R3C8或R3C9，故第三行的其他格均不能是9。

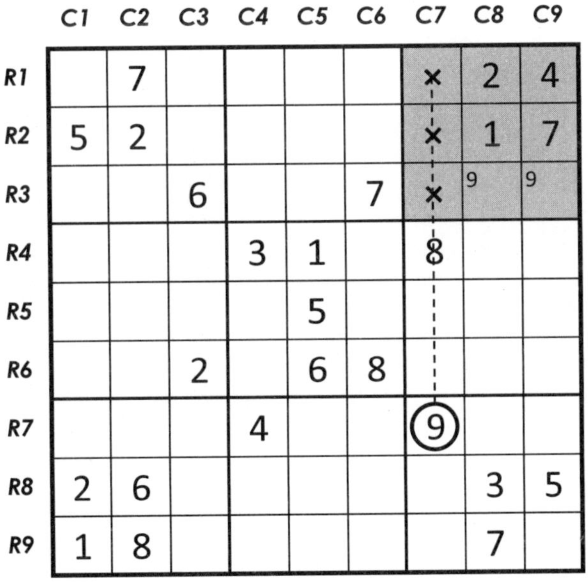

数字 9 对第七宫摒除，得到第七宫的 9 在 R8C3 或 R9C3，故第三列的其他格均不能是 9。

	C1	C2	C3	C4	C5	C6	C7	C8	C9
R1		7						2	4
R2	5	2						1	7
R3			6			7		^{9}	^{9}
R4				3	1		8		
R5					5				
R6			2		6	8			
R7	×	×	×	4			⑨		
R8	2	6	^{9}					3	5
R9	1	8	^{9}					7	

数字 9 对第一宫摒除，得到第一宫的 9 只能在 R1C1。

	C1	C2	C3	C4	C5	C6	C7	C8	C9
R1	⑨	7	-					2	4
R2	5	2	-					1	7
R3	-	-	6			7		^{9}	^{9}
R4				3	1		8		
R5					5				
R6			2		6	8			
R7				4			9		
R8	2	6	^{9}					3	5
R9	1	8	^{9}					7	

回顾一下整个过程，我们找了相同数字在两个宫（第三宫和第七宫）内的区块，并在这两个宫共同影响的宫（第一宫）利用宫摒除得解。

在“条款 10”中，我们曾经提到有一些较难观察的行列摒除可以拆分成“宫区块→宫摒除”；同理可得，有一些较难观察的“宫区块→行列摒除”是可以拆分成“宫区块＋宫区块→宫摒除”的。比如下面这道题目。

	C1	C2	C3	C4	C5	C6	C7	C8	C9
R1	4								
R2		9	2	6			1		
R3			5	3		2		7	
R4		2						6	
R5	5				1				4
R6		3						5	
R7		7		9		5	8		
R8			1			7	2	9	
R9									7

数字 1 对第六宫摒除，得到第六宫的 1 在 R4C9 或 R6C9，故第九列的其他格均不能是 1。

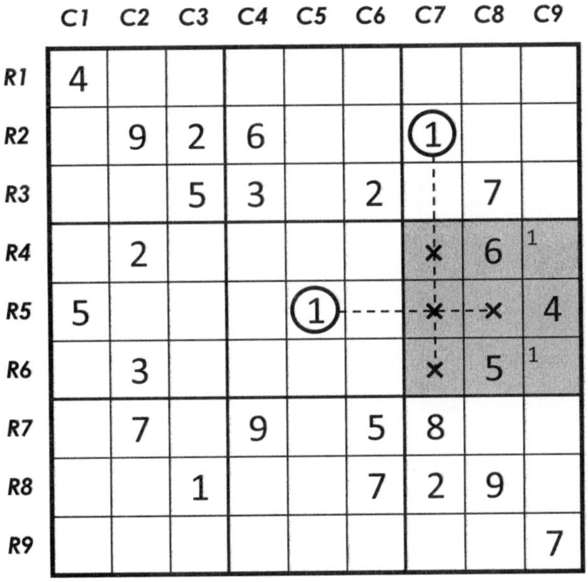

以行列摒除观察，可以按下图方式进行。

数字 1 对第七行摒除，得到第七行的 1 只能在 R7C8。

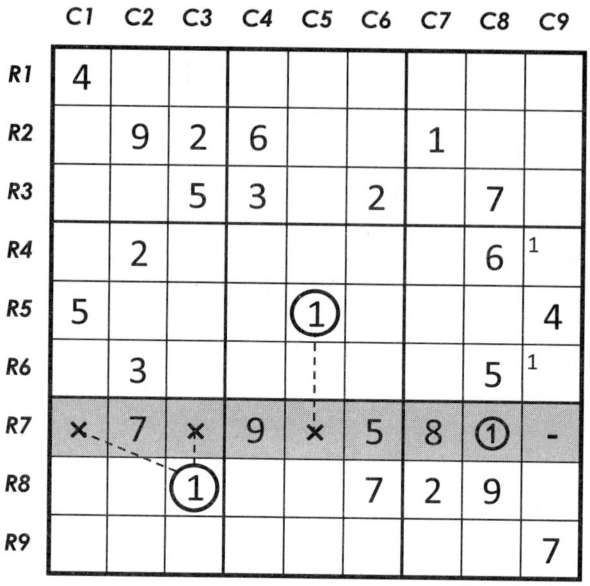

以“宫区块→宫摒除”观察，则可以拆分为两步。

（1）数字 1 对第八宫摒除，得到第八宫的 1 在 R9C4 或 R9C6，故第九行其他格均不能是 1。

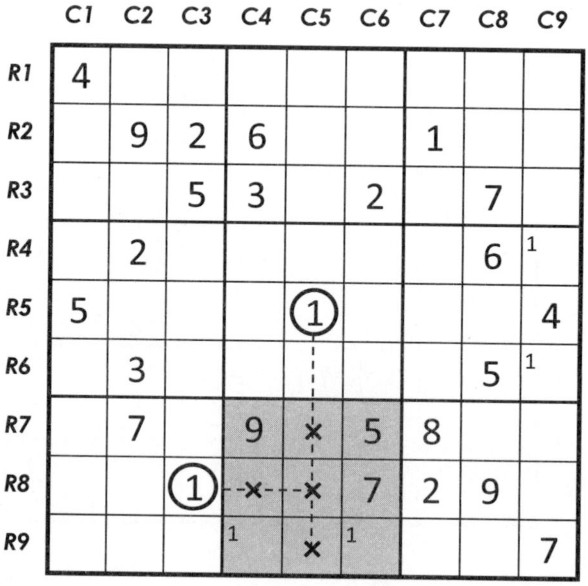

（2）数字 1 对第九宫摒除，得到第九宫的 1 只能在 R7C8。

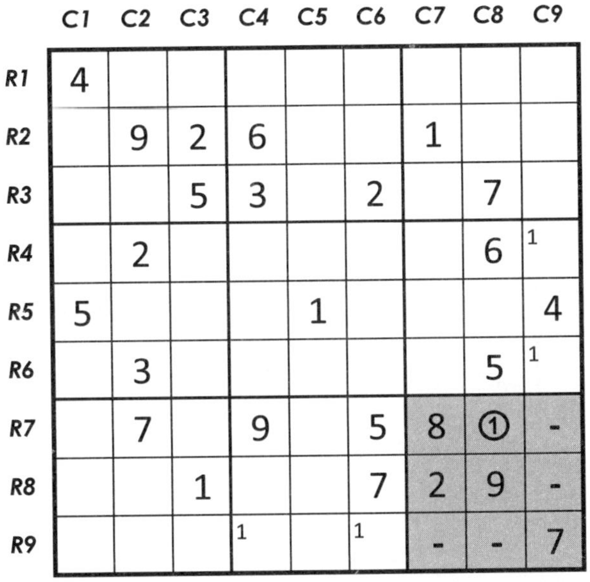

如果是你，会选择哪一种方式观察呢？这道题目的第二步很有趣。你可能会说，这道题目的提示数 1 也是对称分布的，所以用类似的观察方法，也可以得到 R3C2 = 1，这是一种思路。另一种思路也需要用到“宫区块→行列摒除”或者“宫区块 + 宫区块→宫摒除”其中一种结构，但这次得到的是不同格的解。

数字 4 对第四宫摒除，得到第四宫的 4 在 R4C3 或 R6C3，故第三列的其他格不能是 4。

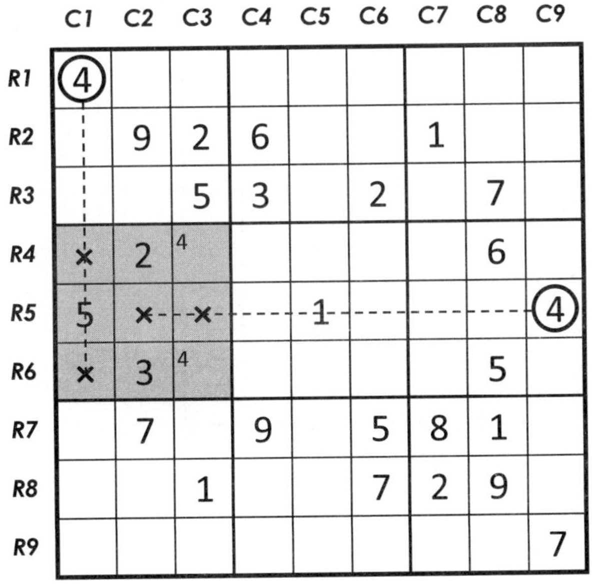

以行列摒除观察，可以按下图方式进行。

数字 4 对第七行摒除，得到第七行的 4 只能在 R7C5。

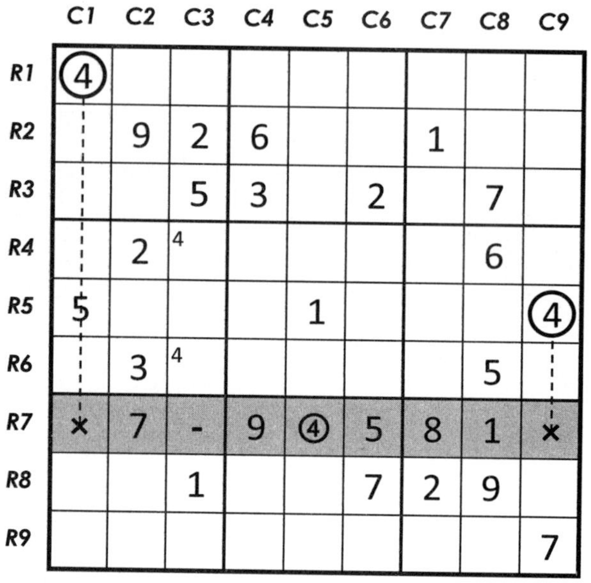

以“宫区块→宫摒除”观察，可以按下图方式进行。数字 4 对第九宫摒除，得到第九宫的 4 在 R9C7 或 R9C8，故第九行的其他格不能是 4。

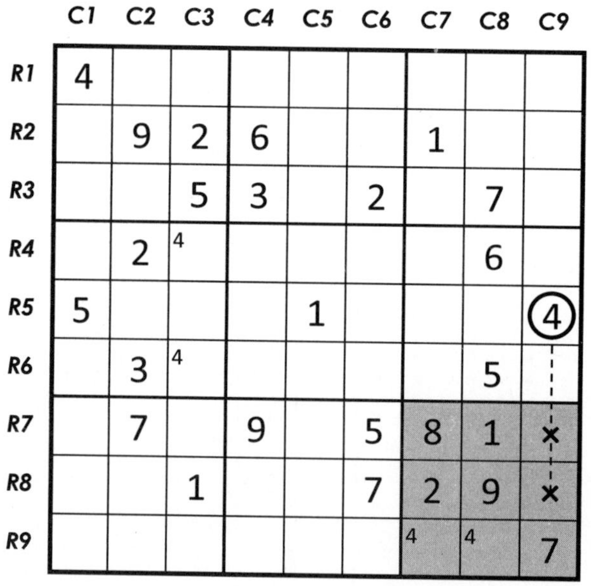

数字 4 对第七宫摒除，得到第七宫的 4 在 R8C2。

	C1	C2	C3	C4	C5	C6	C7	C8	C9
R1	④								
R2		9	2	6			1		
R3			5	3		2		7	
R4		2	4					6	
R5	5				1				4
R6		3	4					5	
R7	×	7	-	9		5	8	1	
R8	×	④	1			7	2	9	
R9	×	-	-				4	4	7

数独的解题就是这么灵活。接下来通过几道题目实战一下吧！

题目 171 ~ 176

171

	8	4	1			3		
		5	9				2	
6			3			9		
						1	3	
8								9
	7	6						
		8			1			4
	4				6	2		
		1			7	6	8	

提示：

完成时间（ ）分

172

			7		8		3	
1	5					4		
		7				6		
	8		4					1
2				5				3
7					3		2	
		1				3		
		6					9	2
	4		9		6			

完成时间（ ）分

173

	8	5	7				6	
				1	6			
	9	1				4		
		9			8			
3								7
			2			5		
		2				7	4	
			3	9				
	4				7	9	8	

完成时间（ ）分

174

					9	3	1	
	3				7	8		
	6	4	8					
			2				6	
1								9
	2				5			
					8	5	7	
		8	3				4	
	7	3	4					

完成时间（ ）分

175

				5			2	
	1	6						
3	2		4		9			
	4		8		6			
1								3
			5		4		8	
			7		8		9	1
						2	7	
	8			4				

完成时间（ ）分

176

			6					
			9	5			2	8
		2					3	5
		6		3				9
		4				5		
9				7		1		
4	7					8		
1	3			9	4			
					5			

提示：

完成时间（ ）分

并列式区块结构 2

宫区块1 + 宫区块2 → 行列摒除

再来看在并列式区块结构 1 中的第一个例子，第一步还有另外一种解法。

数字 4 对第七宫摒除，得到第七宫的 4 在 R8C3 或 R9C3，故第三列的其他格不能是 4。

	C1	C2	C3	C4	C5	C6	C7	C8	C9
R1		7						2	4
R2	5	2						1	7
R3			6			7			
R4				3	1		8		
R5					5				
R6			2		6	8			
R7	×	×	×	④			9		
R8	2	6	4					3	5
R9	1	8	4					7	

数字 4 对第五宫摒除，得到第五宫的 4 在 R4C6 或 R5C6，故第六列的其他格不能是 4。

	C1	C2	C3	C4	C5	C6	C7	C8	C9
R1		7						2	4
R2	5	2						1	7
R3			6			7			
R4				3	1	4	8		
R5				×	5	4			
R6			2	×	6	8			
R7				④			9		
R8	2	6	4					3	5
R9	1	8	4					7	

数字 4 对第二行摒除，得到第二行的 4 只能在 R2C5。

	C1	C2	C3	C4	C5	C6	C7	C8	C9
R1		7						2	④
R2	5	2	-	×	④	-	×	1	7
R3			6			7			
R4				3	1	4	8		
R5					5	4			
R6			2		6	8			
R7				④			9		
R8	2	6	4					3	5
R9	1	8	4					7	

回顾一下并列式区块结构 2 的整个解题过程，和并列式区块结构 1 是比较类似的，也是找两个相同数字的宫区块，并利用行列摒除得到该数的解。

再来看另一个例子。

	C1	C2	C3	C4	C5	C6	C7	C8	C9
R1				9		4			
R2	8				3				2
R3		3		8		2		1	
R4		2						8	
R5	7				9				6
R6		1						5	
R7		8		7		1		3	
R8	6				8				4
R9				4		9			

数字 6 对第四宫摒除，得到第四宫的 6 在 R4C3 或 R6C3，故第三列的其他格不能是 6。

	C1	C2	C3	C4	C5	C6	C7	C8	C9
R1				9		4			
R2	8				3				2
R3		3		8		2		1	
R4	×	2	6					8	
R5	7	×	×		9				⑥
R6	×	1	6					5	
R7		8		7		1		3	
R8	⑥				8				4
R9				4		9			

数字 6 对第八宫摒除，得到第八宫的 6 在 R7C5 或者 R9C5，故第五列的其他格不能是 6。

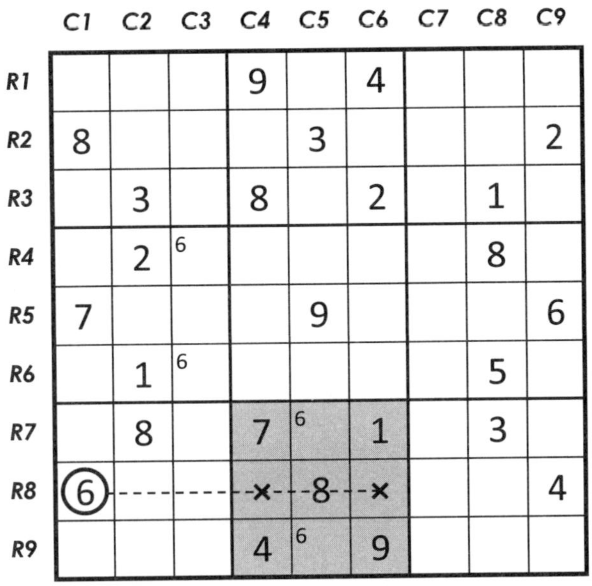

数字 6 对第三行摒除，得到第三行的 6 只能在 R3C7。

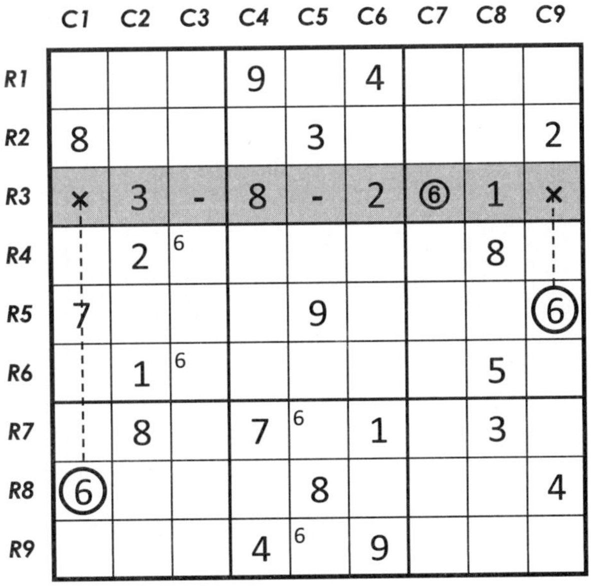

下面通过几道题目实战一下吧！

题目177～182

177

					6			1
		6	1		7			
5		9		8				6
7	3					2		
	9						6	
		4					8	3
2				7		8		5
			4		1	3		
9			5					

完成时间（ ）分

178

					9	8		1
9	3			1			5	
		2						
		5		6			9	
	7			8			2	
	1			4		7		
						4		
	8			5			6	3
4		6	2					

完成时间（ ）分

179

8			7			5		
	4	6	5		2			
				1				
	9				8		7	
	1						9	
	5		2				4	
				3				
			6		5	1	2	
		3			7			4

完成时间（　）分

180

	9	5			1			
8					4			
			6			7		3
9	8		4			1		
	1						5	
		7			2		4	9
2		9			6			
			7					6
			2			4	3	

完成时间（　）分

181

		3		6			9	5
	4	1			9			8
	2							
4				5	7			
		2				5		
			8	2				7
							5	
9			3			1	2	
2	6			4		8		

提示：

完成时间（ ）分

182

	9				3		5	
2		3		8				4
			4					
4		1		3				
		2				9		
				6		2		1
					7			
7				9		1		3
	5		3				8	

完成时间（ ）分

并列式区块结构 3

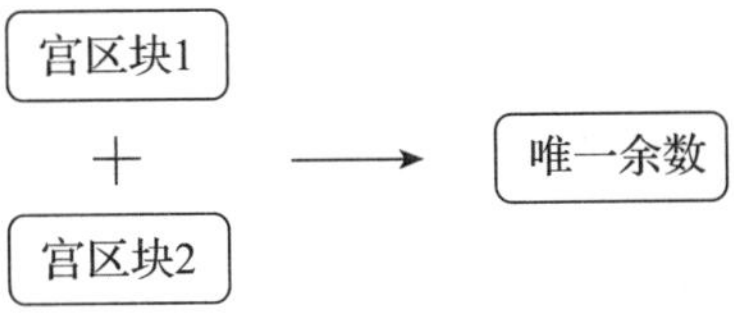

在前面两种结构当中，两个区块针对的数字是相同的。而这个结构当中，两个区块涉及的数字是不同的。下面来看一个例子。

	C1	C2	C3	C4	C5	C6	C7	C8	C9
R1					7	9			8
R2				5					
R3			3	2		6	5		
R4		8	1				4		2
R5	4								6
R6	7		2				3	9	
R7			8	7		3	1		
R8						4			
R9	9			1	6				

数字 9 对第四宫摒除，得到第四宫的 9 在 R5C2 或 R5C3，故第五行其他格不能是 9。

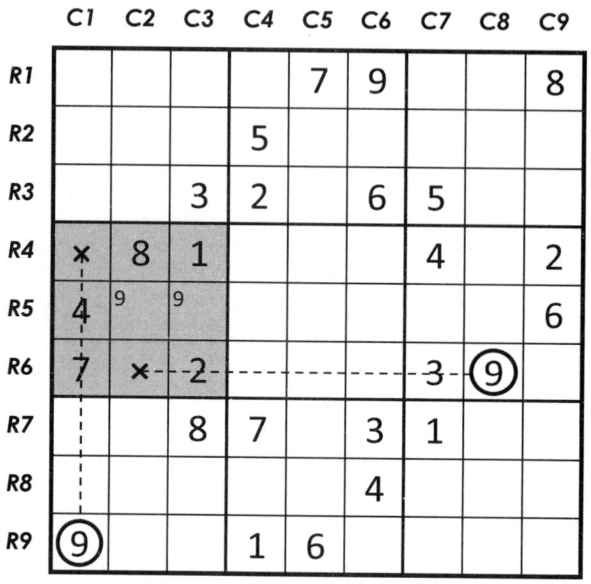

数字8对第六宫摒除，得到第六宫的8在R5C7或R5C8，故第五行其他格不能是8。

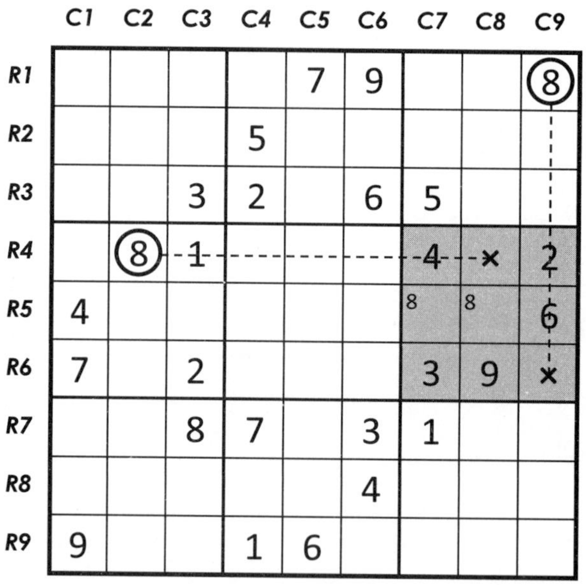

R5C4 所在单元内已经出现过数字 1、2、4、5、6、7，加上数字 8 和 9 的区块，故 R5C4 只能填 3。

	C1	C2	C3	C4	C5	C6	C7	C8	C9
R1					7	9			8
R2				⑤					
R3			3	②		6	5		
R4		8	1				4		2
R5	④	9	9	③			8	8	⑥
R6	7		2				3	9	
R7			8	⑦		3	1		
R8						4			
R9	9			①	6				

看到这里，有的读者会想，前面在介绍唯一余数（条款6）时，提到过单纯的唯一余数极限是“六余”，也就是说如果一格所在单元都是空七格的话，是不可能产生唯余解的。但是加上区块之后，情形就不一样了。在这个例子里，用到了两个数字的区块，其余六个则是分布在 R5C4 所在单元的提示数。假如六个提示数是平均分布在行、列、宫内，即每个单元各两个提示数，再加上两个数字的区块，是不是就能构成“七余”呢？实践证明，这也是可能存在的，来看下面这个例子。

	C1	C2	C3	C4	C5	C6	C7	C8	C9
R1		9				1			3
R2								2	
R3					6	2	7	9	
R4	7	4		1					
R5			5				2		
R6						9		3	4
R7		5	3	8	4				
R8		8							
R9	4			5				6	

数字3对第四宫摒除，得到第四宫的3在R5C1或R5C2，故第五行其他格均不能是3。

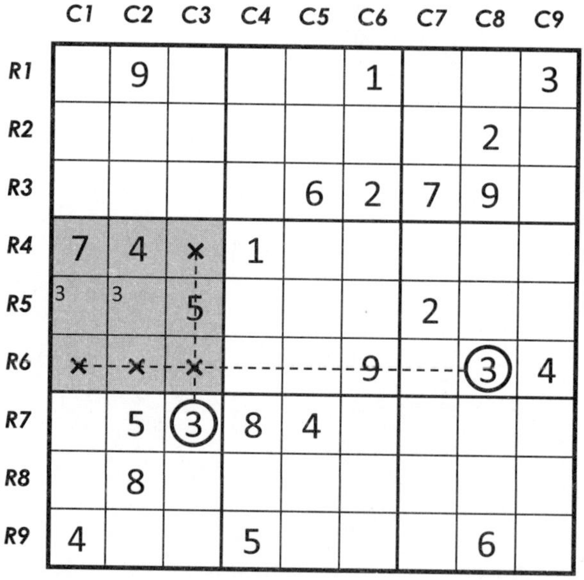

数字 7 对第六宫摒除，得到第六宫的 7 在 R5C8 或 R5C9，故第五行的其他格均不能是 7。

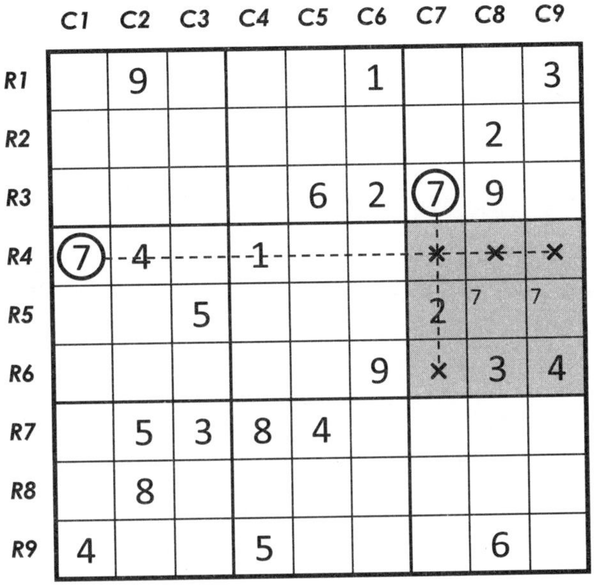

R5C5 所在单元内已经出现过数字 1、2、4、5、6、9，加上数字 3 和 7 的区块，故 R5C5 只剩下 8 可以填。

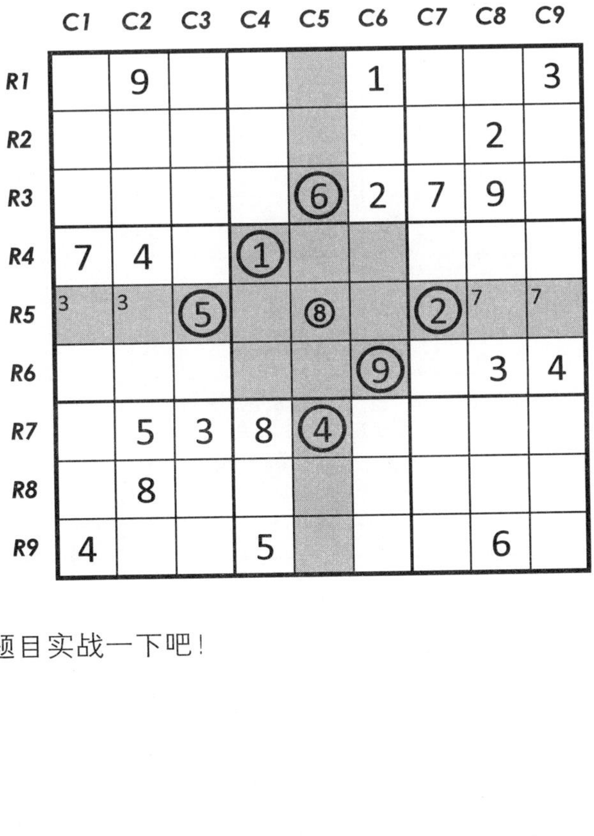

下面通过几道题目实战一下吧！

题目183～188

183

3	2		4					
		9					7	
	6			8	1			
		4			8	5		
1				3				2
		6	7			8		
			8	5			3	
	7					1		
					9		4	5

完成时间（ ）分

184

5	2							3
			7			8		
			3	1				6
		9		3		7		
	4						9	
		1		5		6		
4				8	1			
		2			3			
6							5	4

完成时间（ ）分

185

	3			6	2			1
			8				3	
	5							6
			4			8		7
	7						1	
8		1			9			
9							5	
	4				7			
3			6	4			2	

完成时间（　）分

186

		9			3			4
	8				2			
				6		8	3	
			9			3		7
6								5
7		4			8			
	5	2		1				
			4				5	
8			3			7		

完成时间（　）分

提示：

187

5					9		6	
	3			7		8	2	
					1	4		
			9	6				
9								4
				5	2			
		8	3					
	7	6		1			5	
	1		7					2

完成时间（ ）分

188

	2					4		
	8			4	3	7		
5					7		6	
9		5						
	7		1		9		2	
						5		9
	4		9					1
		1	3	2			8	
		8					3	

完成时间（ ）分

并列式区块结构4

在单一区块的时候已经解释过行列区块是不可能“包装”宫摒除的，所以也就不存在“（宫区块+行列区块）→宫摒除”的情况了。故第四种结构是如下情形。

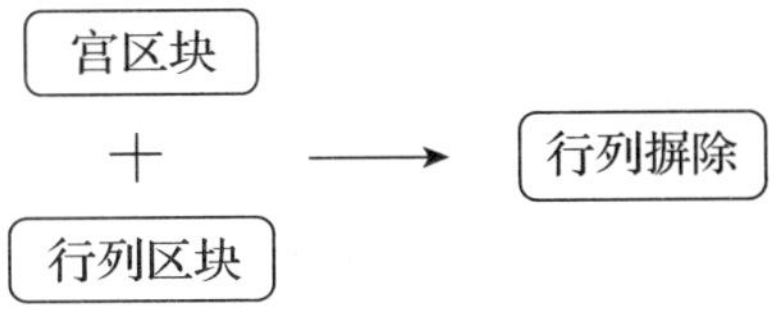

下面看一个例子。

	C1	C2	C3	C4	C5	C6	C7	C8	C9
R1	2								
R2		5	1			2			
R3	6		3	1				2	
R4	3				4		7		8
R5		4			8			6	
R6	5		8		3				1
R7		7				6	5		4
R8				9			6	8	
R9									7

数字 7 对第四宫摒除，得到第四宫的 7 在 R5C1 或 R5C3，故第五行的其他格均不能是 7。

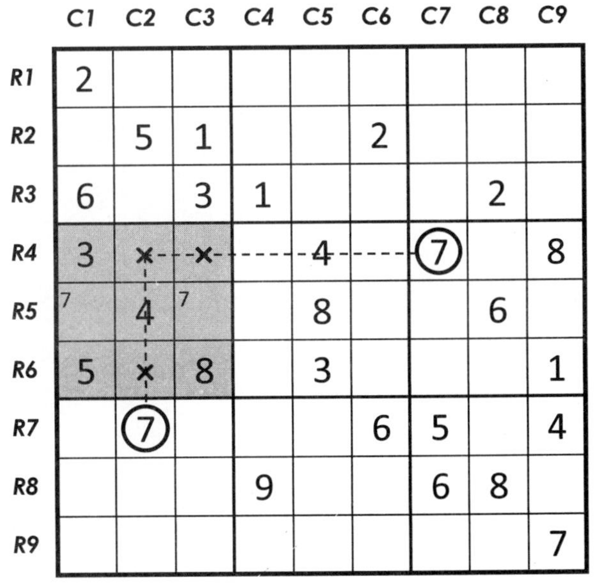

数字 7 对第三行摒除，得到第三行的 7 在 R3C5 或 R3C6，故第二宫的其他格均不能是 7。

	C1	C2	C3	C4	C5	C6	C7	C8	C9
R1	2								
R2		5	1			2			
R3	6	×	3	1	^{7}	^{7}	×	2	×
R4	3				4		⑦		8
R5	^{7}	4	^{7}		8			6	
R6	5		8		3				1
R7		⑦				6	5		4
R8				9			6	8	
R9									⑦

数字 7 对第四列摒除，得到第四列的 7 只能在 R6C4。

	C1	C2	C3	C4	C5	C6	C7	C8	C9
R1	2			-					
R2		5	1	-		2			
R3	6		3	1	^{7}	^{7}		2	
R4	3			×	4		⑦		8
R5	^{7}	4	^{7}	-	8			6	
R6	5		8	⑦	3				1
R7		⑦		×		6	5		4
R8				9			6	8	
R9				×					⑦

下面通过几道题目实战一下。

题目 189 ~ 194

189

								8
4		3	6			5		
	9			5	4			
9					7		1	
	4			2			9	
	6		1					2
			3	8			6	
		7			1	3		5
5								

完成时间（　）分

190

9	3				6			
		1						3
5			9				8	
		6			4	5		
	4		7		1		2	
		2	8			9		
	8				9			1
2						8		
			5				6	2

完成时间（　）分

191

			3	4	1			
9			5					8
	4						7	
6	7							1
5		8				3		7
1							6	9
	6						1	
3					8			2
			9	1	5			

完成时间（ ）分

192

		7					1	
	4				5	2	6	
1					4	9		
8		1	7					
				4				
					9	3		2
		9	5					1
	1	2	4				5	
	3					6		

提示：

完成时间（ ）分

193

					1			6
	3		9			8		
		4			7			9
3				1				
	4	5				6	2	
				7				5
5			7			9		
		1			2		5	
9			1					

完成时间（　）分

194

	9				2	6		
			6	5	7	1		
							4	
	1	9					8	
2				6				5
	4					2	6	
	8							
		2	4	3	6			
		7	8				1	

完成时间（　）分

并列式区块结构 5

宫区块

＋　　——→　唯一余数

行列区块

宫区块是由宫摒除的观察方式得到的，行列区块是由行列摒除的观察方式得到的，加上唯一余数，可以说把两大类（三种）技法都融合到一个解题点中了，要找到解题点可不容易。一起来看下面这个例子。

	C1	C2	C3	C4	C5	C6	C7	C8	C9
R1			6				9		
R2		7		5		1		6	
R3	3				2				1
R4	7			1		8			2
R5		8						9	
R6	4			7		9			5
R7	6				1				8
R8		5		3		4		1	
R9			4				3		

数字 2 对第五宫摒除，得到第五宫的 2 在 R5C4 或 R5C6，故第五行的其他格均不能是 2。

	C1	C2	C3	C4	C5	C6	C7	C8	C9
R1			6				9		
R2		7		5		1		6	
R3	3				②				1
R4	7			1	×	8			2
R5		8		2	×	2		9	
R6	4			7	×	9			5
R7	6				1				8
R8		5		3		4		1	
R9			4				3		

数字 1 对第三列摒除，得到第三列的 1 在 R5C3 或 R6C3，故第四宫的其他格均不能是 1。

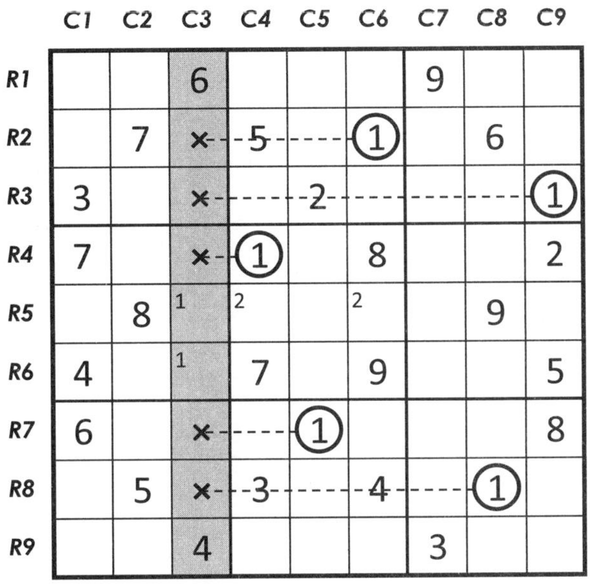

R5C1 所在单元内已经出现过数字 3、4、6、7、8、9 加上数字 1 和 2 的区块，故 R5C1 只剩下 5 可以填。

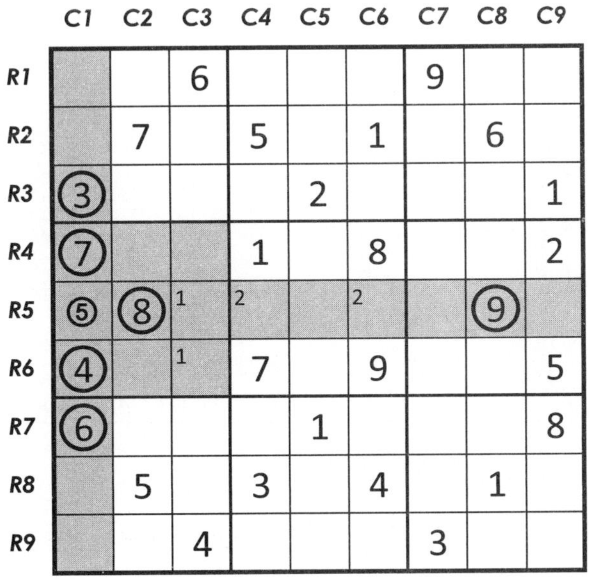

前面“宫区块 + 宫区块→唯一余数”的例子各位读者应当还记得，由于两个区块是不同的数字，故可以产生“七余”的结构。同样的，“宫区块 + 行列区

块→唯一余数”中的两个区块也是不同的数字，理论上也可以产生“七余”。下面再看一个例子。

	C1	C2	C3	C4	C5	C6	C7	C8	C9
R1	4	1				3	6		
R2			8	2				1	
R3			7		8		5		
R4						6			7
R5			3				9		
R6	5			3					
R7			6		2		1		
R8		8				7	4		
R9			9	8				6	2

数字 2 对第三宫摒除，得到第三宫的 2 在 R1C8 或 R3C8，故第八列的其他格均不能是 2。

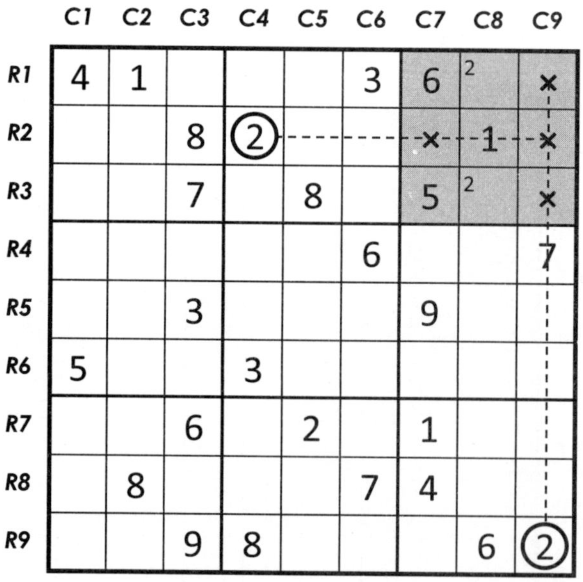

数字 8 对第七列摒除，得到第七列的 8 在 R4C7 或 R6C7，故第六宫的其他格均不能是 8。

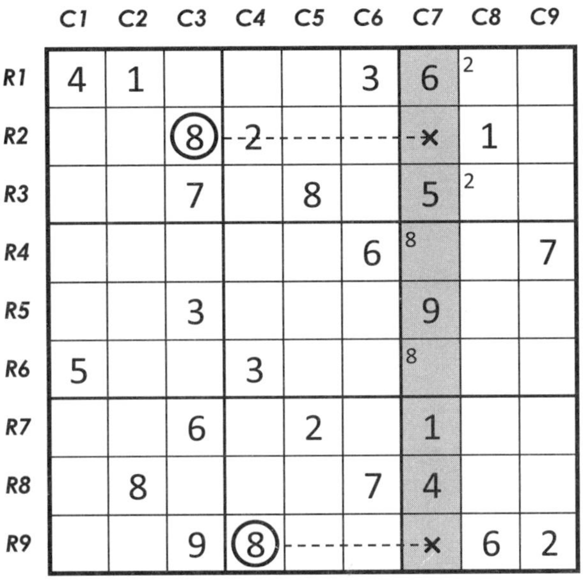

R6C8 所在单元内已经出现过数字 1、3、5、6、7、9，加上数字 2 和 8 的区块，故 R6C8 只剩下 4 可以填。

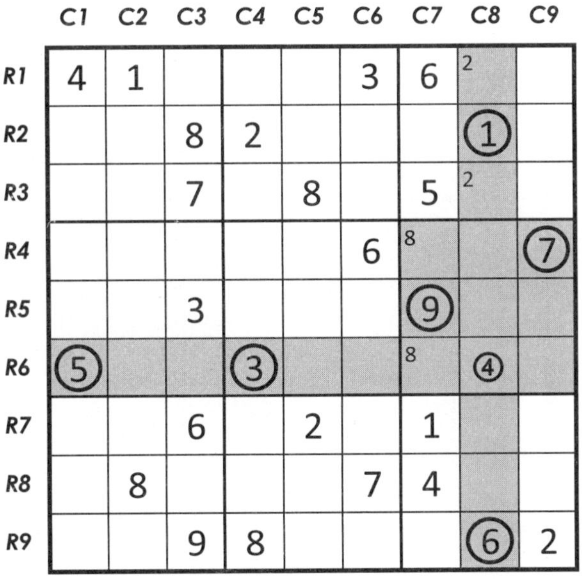

下面通过几道题目实战一下。

题目 195 ~ 200

195

						1		4
				5	9		7	
			3			5	2	
3	1		5		2	9		
				7				
		2	4		1		3	7
	4	9			8			
	7		6	2				
6		1						

完成时间（ ）分

196

		8						6
				1				4
	5	4	6				8	
		6			7			
	7		5		8		3	
			3			9		
	4				6	1	5	
6				2				
9						7		

完成时间（ ）分

197

6					7			3
			3	2				
					5	1	2	
4		7				3		
9	5						8	6
		6				7		1
	7	4	8					
				4	2			
5			7					9

完成时间（　）分

198

		2	9		4			5
6							3	4
			7			9		
							7	6
			8		3			
8	1							
		5			9			
4	7							2
2			3		6	5		

完成时间（　）分

提示：

199

4		3	6					
	2		1				8	
1				2		3		
	5				2	6		
7								8
		9	7				5	
		7		8				1
	3				6		4	
					5	2		3

完成时间（ ）分

200

		9	4	5		2		
						7	8	
				6			3	
5						9		2
			1		2			
7		4						3
	4			2				
	3	6						
		8		3	6	4		

完成时间（ ）分

并列式区块结构 6

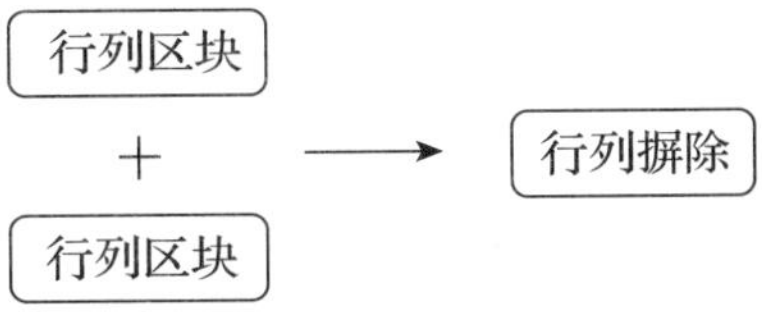

下面看一个例子。

	C1	C2	C3	C4	C5	C6	C7	C8	C9
R1									
R2				3	1			7	
R3		3	9		7		1	5	
R4			1					9	8
R5	8				5				2
R6	2	9					6		
R7		5	6		9		3	8	
R8		7			8	3			
R9									

数字 2 对第三行摒除，得到第三行的 2 在 R3C4 或 R3C6，故第二宫的其他格均不能是 2。

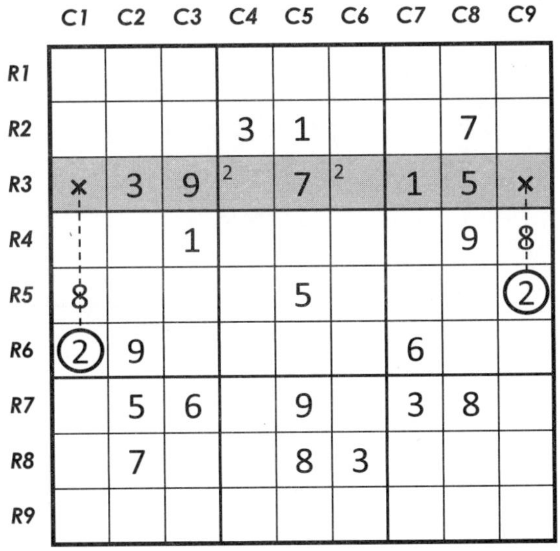

数字2对第七行摒除，得到第七行的2在R7C4或R7C6，故第八宫的其他格均不能是2。

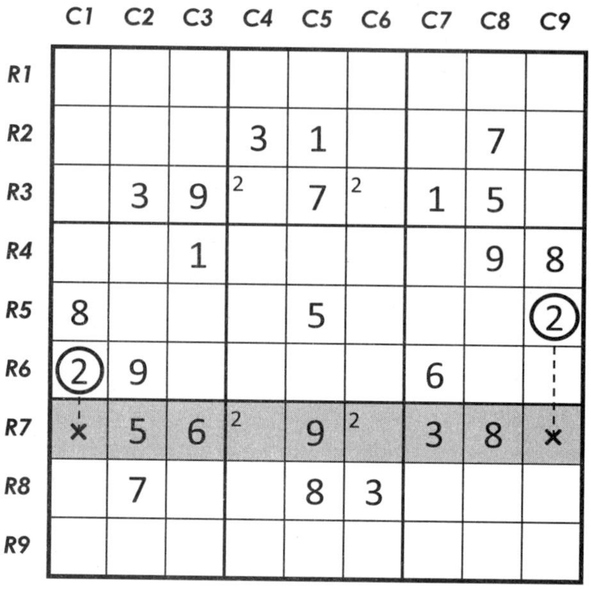

数字2对第五列摒除，得到第五列的2只能在R4C5。

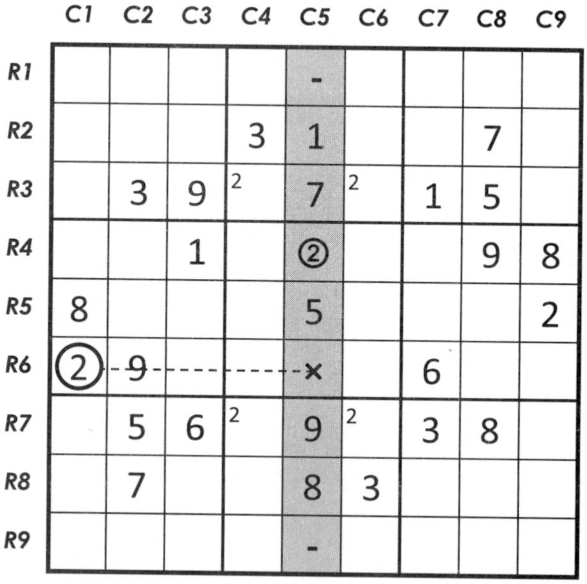

前面这张图换一个角度看，也可以理解为第三行和第七行的2占据了第四列和第六列，故可以排除第四列和第六列除了这四格之外其他格数字2的可能性。这道题目当中的四个2是位于两个宫当中的，假如位于四个宫当中，那就是另一种解题技法了，这里不作介绍。

并列式区块结构 7

行列区块 + 行列区块 → 唯一余数

	C1	C2	C3	C4	C5	C6	C7	C8	C9
R1				4			6	8	
R2			7		5	6			
R3			4		1			9	
R4			9	7				4	
R5		3						1	
R6		7				5	2		
R7		4			7		1		
R8				5	6		9		
R9		9	8			3			

数字 7 对第八列摒除，得到第八列的 7 在 R8C8 或 R9C8，故第九宫的其他格均不能是 7。

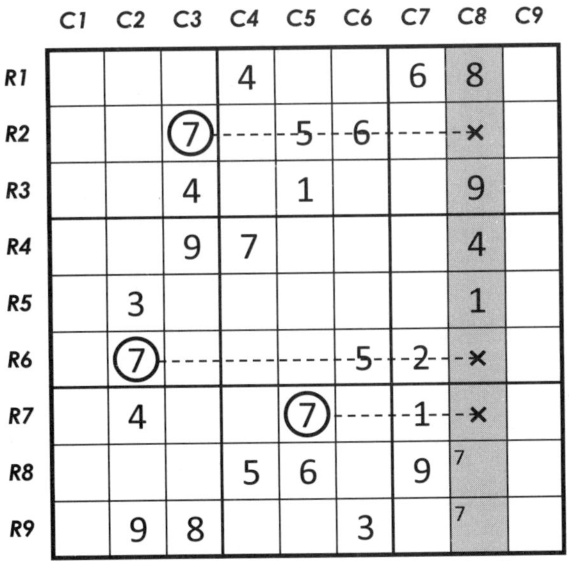

数字 5 对第八列摒除，得到第八列的 5 在 R7C8 或 R9C8，故第九宫的其他格不能是 5。

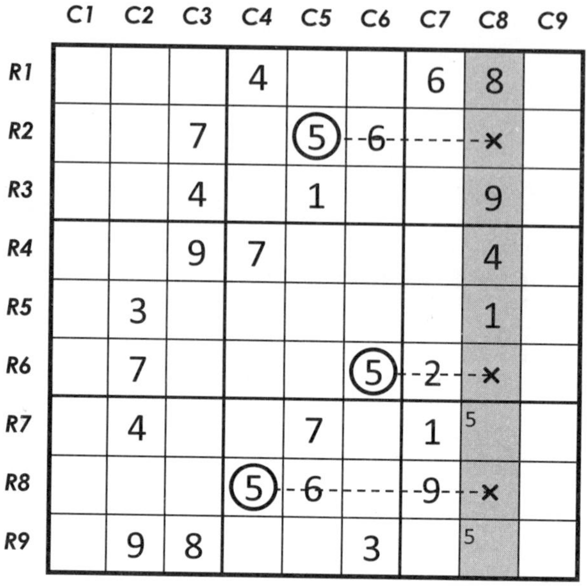

R9C7 所在单元内已经出现过数字 1、2、3、6、8、9，加上数字 5 和 7 的区块，故 C9C7 只剩下 4 可填。

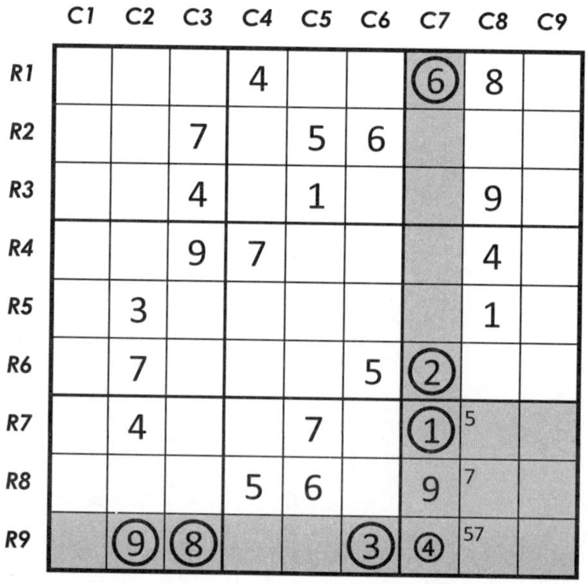

与“宫区块＋宫区块→唯一余数”和“宫区块＋行列区块→唯一余数”一样，两个区块也是不同的数，理论上也可以产生“七余”的结构。来看下面这个例子。

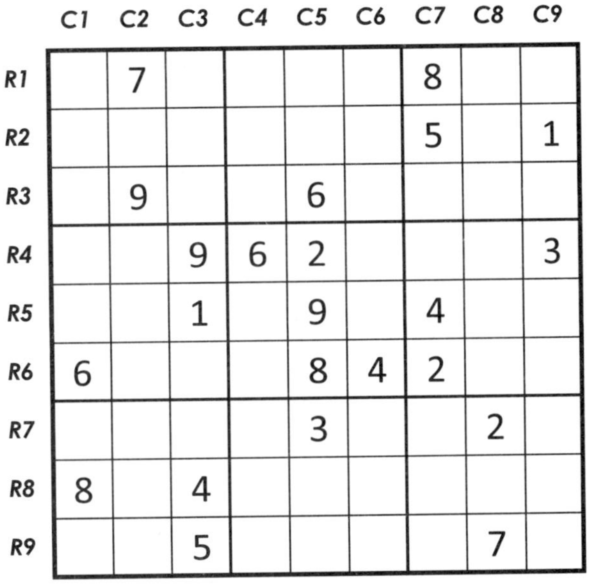

数字6对第七列摒除，得到第七列的6在R7C7、R8C7或R9C7，故第九宫的其他格均不能是6。

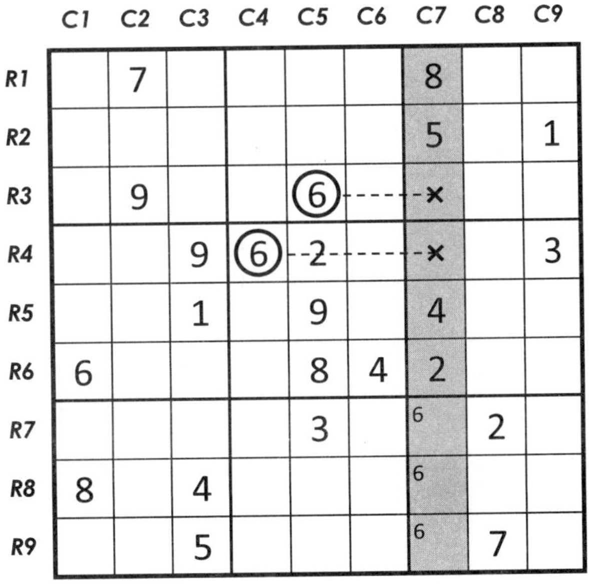

数字 9 对第七列摒除，得到第七列的 9 在 R7C7、R8C7 或 R9C7，故第九宫其他格均不能是 9。

	C1	C2	C3	C4	C5	C6	C7	C8	C9
R1		7					8		
R2							5		1
R3		⑨			6		×		
R4			⑨	6	2		×		3
R5			1		9		4		
R6	6				8	4	2		
R7					3		9	2	
R8	8		4				9		
R9			5				9	7	

R8C9 所在单元内已经出现过数字 1、2、3、4、7、8，加上数字 6 和 9 的区块，故 R8C9 只能是 5。

	C1	C2	C3	C4	C5	C6	C7	C8	C9
R1		7					8		
R2							5		①
R3		9			6				
R4			9	6	2				③
R5			1		9		4		
R6	6				8	4	2		
R7					3		69	②	
R8	⑧		④				69		⑤
R9			5				69	⑦	

下面通过几道题目实战一下。

题目 201 ~ 206

201

		6	1					
5		3		9			1	
7		1			2			
		5	8	7				
6								2
				2	9	4		
			9			1		6
	6			8		3		9
					4	7		

完成时间（　）分

202

2								
3		8		5				
	6				4		7	
1	3				5	2		
8				6				5
		9	7				4	1
	8		9				5	
				2		1		9
								3

完成时间（　）分

203

		9	7	6				8
8	6						2	7
					5			
				9	7		4	
	8						1	
	4		6	5				
			5					
3	9						8	2
1				3	9	4		

完成时间（ ）分

204

9	7		6		5			
				9				
1		5		8				6
		1						2
		4	9		2	3		
6						8		
5				7		6		3
				5				
			3		4		7	1

完成时间（ ）分

205

		1						
			7		1	9	8	
9							1	7
		2		8				5
	4		1		9		2	
3				5		8		
2	8							6
	3	7	5		6			
						3		

完成时间（　）分

206

			4			5		9
					3			
9				6			7	3
	2	8				1		
			5		2			
		6				8	4	
6	8			3				1
			6					
7		1			9			

提示：

完成时间（　）分

以上就是七种并列式区块的组合情形，它们比单一区块复杂得多，但是从中也是可以摸索出一些规律的：如果最终是由摒除法出数，那么区块的数字和得解的数字都是同一个数；反之若最终由唯一余数出数，那么区块的数字和得解的数字是不同的。

条款 15　组合区块的奥秘之串列式

查看题目答案请扫码

并列式组合区块中，每个区块是直接可以通过盘面上的数字得到的。而串列式则有所不同，需要先从盘面上得到一个区块，再利用这个区块得到另一个区块。虽然第二个区块看起来是被隐藏的，但第一个区块能够将观察范围缩小。接下来，和并列式区块一样，我们将把不同的组合形式一一列出，让读者从实际的题目中加以体会。

串列式区块结构 1

宫区块1 ⟶ 宫区块2 ⟶ 宫摒除

下面看一个例子。

	C1	C2	C3	C4	C5	C6	C7	C8	C9
R1			6	5	4				3
R2								9	
R3	1		4						
R4	2		3				8		1
R5		7			3			2	
R6	4		8				3		6
R7							5		8
R8		8							
R9	3				8	2	7		

数字 9 对第六宫摒除，得到第六宫的 9 在 R5C7 或 R5C9，故第五行的其他格均不能是 9。

	C1	C2	C3	C4	C5	C6	C7	C8	C9
R1			6	5	4				3
R2								9	
R3	1		4						
R4	2		3				8	×	1
R5		7			3		9	2	9
R6	4		8				3	×	6
R7							5		8
R8		8							
R9	3				8	2	7		

第六宫（第五行）数字 9 的区块对第四宫摒除，得到第四宫的 9 在 R4C2 或 R6C2，故第二列的其他格均不能是 9。

	C1	C2	C3	C4	C5	C6	C7	C8	C9
R1			6	5	4				3
R2								9	
R3	1		4						
R4	2	9	3				8		1
R5	-	7	-		3		9	2	9
R6	4	9	8				3		6
R7							5		8
R8		8							
R9	3				8	2	7		

数字 9 对第一宫摒除，得到第一宫的 9 只能在 R1C1。

	C1	C2	C3	C4	C5	C6	C7	C8	C9
R1	⑨	-	6	5	4				3
R2	×	×	×					⑨	
R3	1	-	4						
R4	2	9	3				8		1
R5	-	7	-		3		9	2	9
R6	4	9	8				3		6
R7							5		8
R8		8							
R9	3				8	2	7		

除了可以拆分成“宫区块 + 宫区块→宫摒除”之外，一些较难观察的“宫区块→行列摒除”也可以拆分成“宫区块→宫区块→宫摒除”的形式。比如下面这道题目。

	C1	C2	C3	C4	C5	C6	C7	C8	C9
R1		7	6					9	
R2						5			3
R3		3	8				4	7	
R4	6			1					
R5				5	9	3			
R6						8			4
R7		9	1				7	6	
R8	2			8					
R9		6					5	4	

数字 5 对第一宫摒除，得到第一宫的 5 在 R1C1 或 R3C1，故第一列的其他格均不能是 5。

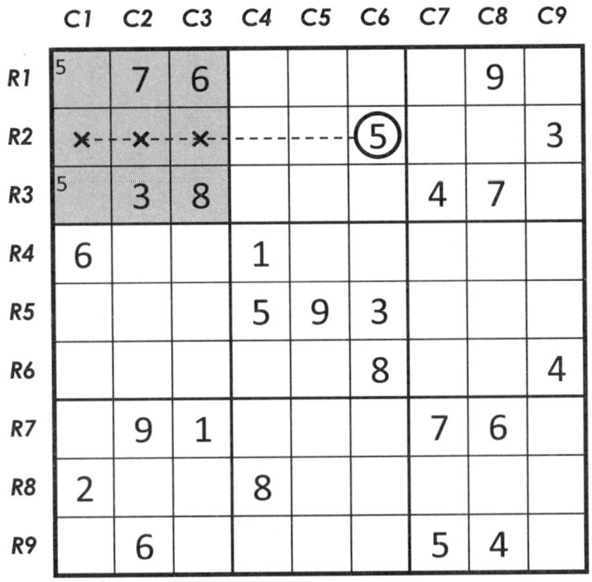

以行列摒除观察，可以按下图方式进行。数字 5 对第七行摒除，得到第七行的 5 只能在 R7C5。

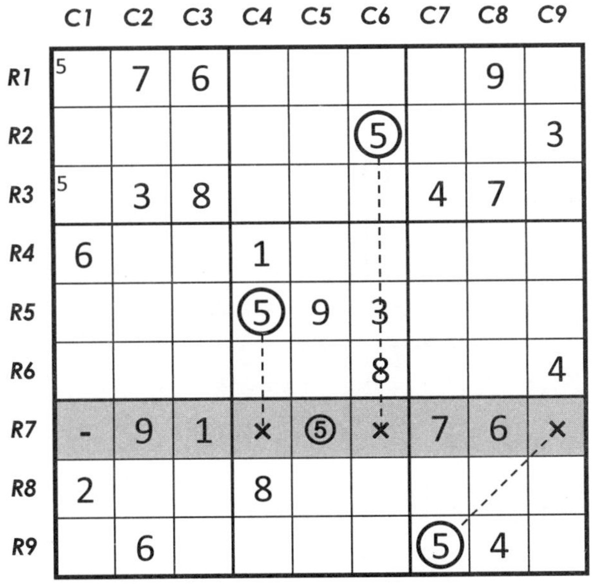

以“宫区块→宫摒除”观察，则可以拆分为两步。

（1）数字5对第七宫摒除，得到第七宫的5在R8C2或R8C3，故第八行的其他格均不能是5。

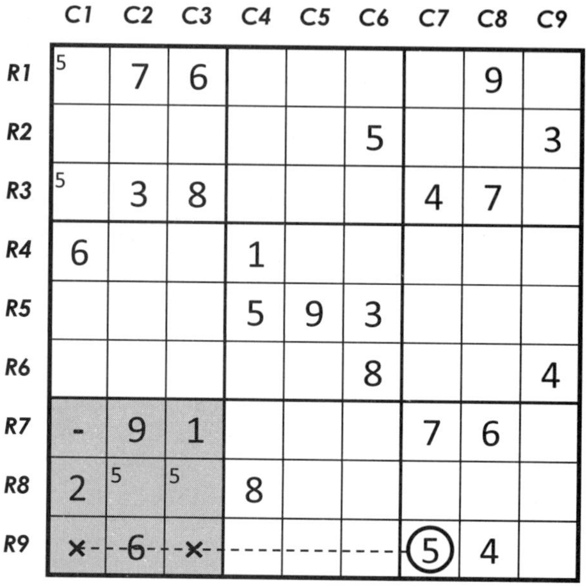

（2）数字5对第八宫摒除，得到第八宫的5只能在R7C5。

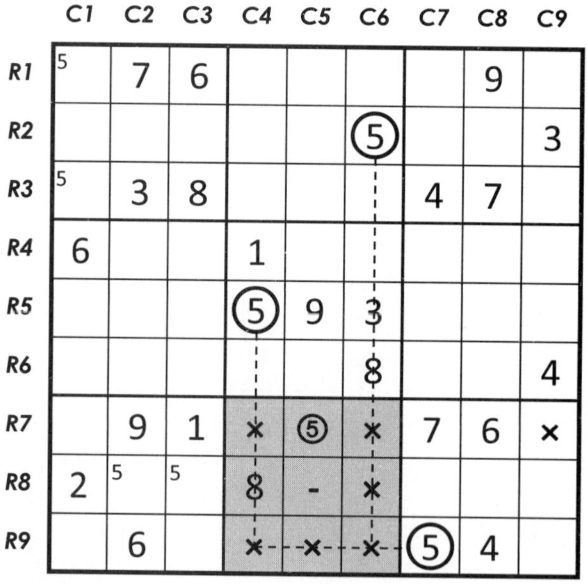

下面通过几道题目实战一下。

题目 207 ~ 212

207

			5		6	2		
1	4				7		6	
			4	8				
	9	4						
	6	1				4	7	
						5	8	
				7	1			
	7		6				1	3
		6	9		5			

完成时间（　）分

208

	4		9		8		6	
		6			7			
1	9		6			4		
								5
		7		3		2		
4								
		2			9		8	3
			3			5		
	3		7		1		4	

完成时间（　）分

209

			3		6		1	4
		5						3
			9		7	6		
		1					2	
5	2						4	8
	6					3		
		7	4		9			
4						8		
9	1		8		2			

完成时间（ ）分

210

	3	9			1			
8					7		4	
		4		6				
7			8					5
		8		1		4		
5					4			2
				3		9		
	6		4					1
			1			6	7	

完成时间（ ）分

211

		7						
		1	5		3		4	6
			8		2		5	
			9					8
3				6				1
4					8			
	8		3		4			
1	3		2		6	9		
						2		

提示：

完成时间（　）分

212

			1		3			6
4		9						
	1		5		4			
	4	1						8
	6						9	
2						5	7	
			2		8		4	
						2		7
5			3		6			

完成时间（　）分

串列式区块结构 2

宫区块1 → 宫区块2 → 行列摒除

下面看一个例子。

	C1	C2	C3	C4	C5	C6	C7	C8	C9
R1							2		
R2					7		1	3	
R3	7	2				8			6
R4	8			6		7			4
R5					4				
R6	6			5		1			2
R7	4			3				9	1
R8		6	5		9				
R9			9						

数字9对第五宫摒除，得到第五宫的9在R5C4或R5C6，故第五行其他格均不能是9。

	C1	C2	C3	C4	C5	C6	C7	C8	C9
R1							2		
R2					7		1	3	
R3	7	2				8			6
R4	8			6	×	7			4
R5				9	4	9			
R6	6			5	×	1			2
R7	4			3				9	1
R8		6	5		⑨				
R9			9						

数字 9 对第六宫摒除，得到第六宫的 9 在 R4C7 或 R6C7，故第七列的其他格均不能是 9。

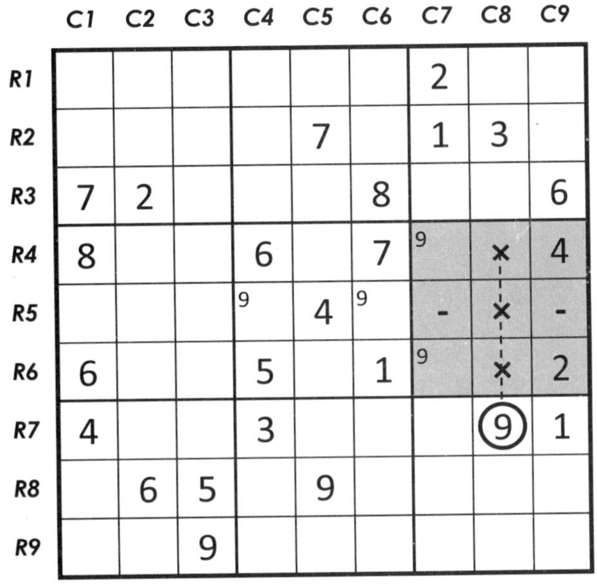

数字 9 对第三行摒除，得到第三行的 9 只能在 R3C4。

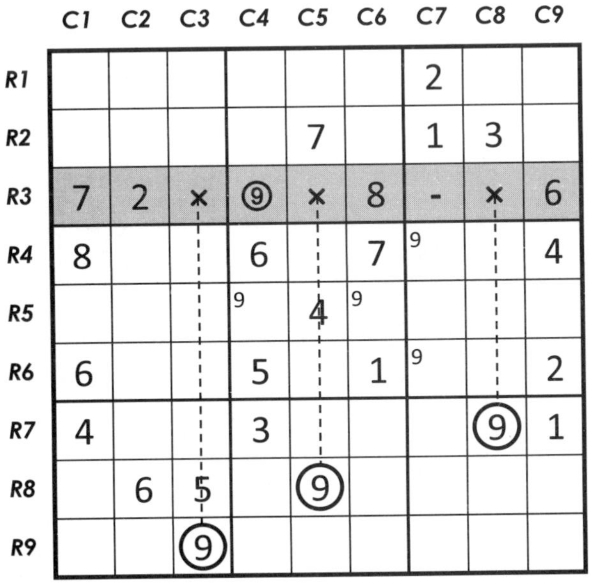

下面通过几道题目实战一下。

题目 213 ~ 218

213

		4						
	1				3			6
					2	1	7	5
	9			6	1	2		
		6	8	9			4	
3	4	5	1					
6			3				8	
						5		

完成时间（ ）分

214

		5					7	
	2			9	5	1		
					3		2	
6						9		
2	9			6			3	7
		4						6
	1		8					
		7	4	5			6	
	5					3		

完成时间（ ）分

215

	9		7				4	
						9		1
			4	3			5	
2		8				1		
			1		4			
		6				5		9
	4			8	5			
6		7						
	3				7		2	

提示：

完成时间（ ）分

216

2					8			
6	4	7						
	8		6	1				
8						2		9
	5			4			3	
7		2						4
				2	9		5	
						8	6	1
			5					2

完成时间（ ）分

217

	6							
				2		4	3	5
			9			1	8	
6		3	8	4				9
4				9	2	6		8
	2	9			1			
5	8	6		7				
							9	

完成时间（ ）分

218

	7				6			
6						2		3
	2		8	9	5			
							8	2
		1		7		9		
9	5							
			4	6	9		2	
4		2						1
			2				3	

完成时间（ ）分

串列式区块结构 3

宫区块1 ⟶ 宫区块2 ⟶ 唯一余数

下面看一个例子。

	C1	C2	C3	C4	C5	C6	C7	C8	C9
R1	8	1					3	7	
R2						3			5
R3		6		4	8				
R4			8	7		6	1		
R5									
R6			7	3		9	4		
R7					2	4		3	
R8	2			6					
R9		4	6					2	9

数字 2 对第五宫摒除，得到第五宫的 2 在 R5C4 或 R5C6，故第五行其他格均不能是 2。

	C1	C2	C3	C4	C5	C6	C7	C8	C9
R1	8	1					3	7	
R2						3			5
R3		6		4	8				
R4			8	7	×	6	1		
R5				2	×	2			
R6			7	3	×	9	4		
R7					②	4		3	
R8	2			6					
R9		4	6					2	9

数字 2 对第六宫摒除，得到第六宫的 2 在 R4C9 或 R6C9，故第九列的其他格均不能是 2。

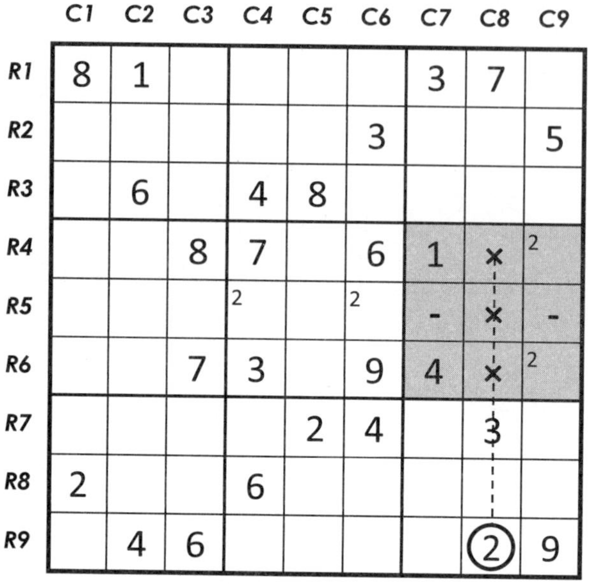

R3C9 所在单元内已经出现过数字 3、4、5、6、7、8、9，加上第六宫（第九列）数字 2 的区块，故 R3C9 只能填 1。

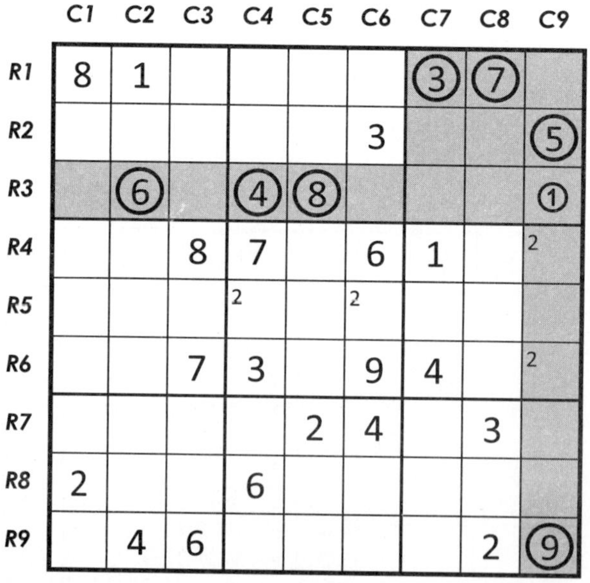

前面并列式的双区块是可以产生“七余”结构的。从这个例子可以看出，串列式区块由于第二个区块是由第一个区块产生摒除效果后才得到的，针对的数字也是同一个，故假如目标格所在单元都有七个空格（两个提示数）的话，也就只有2 +2 +2 +1 =7个

提示数，不足以产生唯余解。

下面通过几道题目实战一下。

题目 219 ~ 224

219

			2		8			3
			3		9			4
				5		1	6	
	1					7		
	7	9		4		2	3	
		4					8	
	2	5		7				
9			4		2			
3			5		6			

完成时间（　）分

220

				6			1	
	5	7					6	
1			5					8
					9	6		
4			2		8			3
		3	1					
8					5			2
	7					5	3	
	9			4				

完成时间（　）分

221

		8	6					
		7		1	2		8	
	3		8				4	
	5					1		3
				2				
9		6					7	
	6				3		2	
	1		7	5		8		
					4	9		

完成时间（ ）分

222

	9	5	7					2
						5		
					9		7	
3			9	2	8			1
				3				
4			6	7	1			9
	4		1					
		7						
1					3	6	2	

完成时间（ ）分

223

6	3	5						
				5				
	4		1					8
		7	2			3		
	2		3		4		8	
		3			9	4		
1					8		4	
				6				
						7	1	3

完成时间（　）分

224

		5	2	7		9		
								5
			1		9	4		
6						8	4	
	7			3			2	
	3	1						6
		9	5		4			
3								
		6		8	1	2		

完成时间（　）分

提示：

串列式区块结构 4

宫区块 → 行列区块 → 行列摒除

下面看一个例子。

	C1	C2	C3	C4	C5	C6	C7	C8	C9
R1				8					
R2	9			5			7	1	
R3			1		9	7			5
R4						2			7
R5		9	8				2	5	
R6	3			6					
R7	8			3	6		1		
R8		1	6			8			2
R9						4			

数字 2 对第八宫摒除，得到第八宫的 2 在 R9C4 或 R9C5，故第九行的其他格均不能是 2。

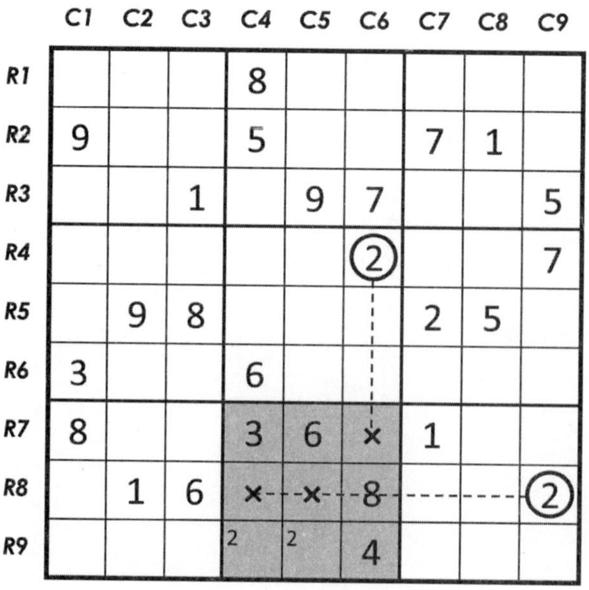

数字 2 对第一列摒除，得到第一列的 2 在 R1C1 或 R3C1，故第一宫的其他格均不能是 2。

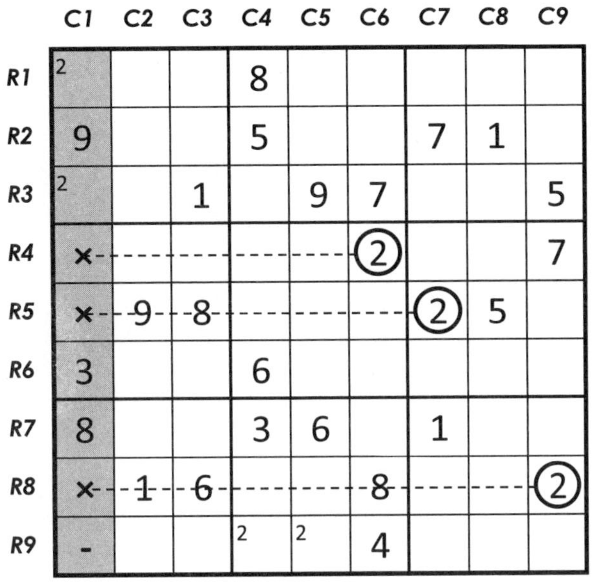

数字 2 对第二行摒除，得到第二行的 2 只能在 R2C5。

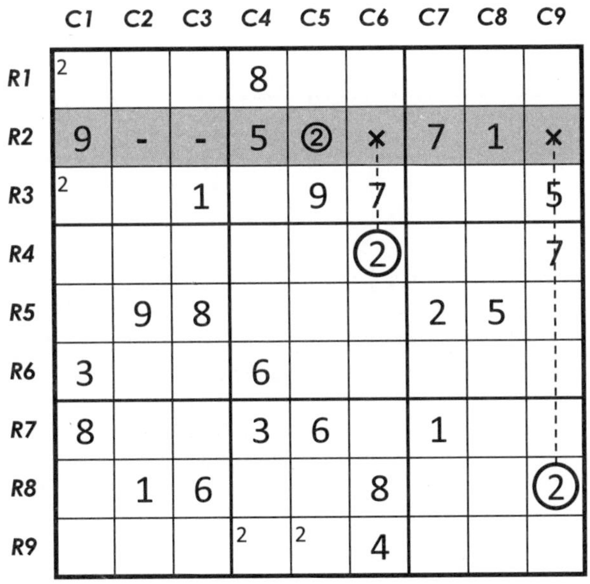

下面通过几道题目实战一下。

题目 225 ~ 230

225

6					1			4
	7	5		2	8			
	3				6	8		
	2	6				5	3	
		4	1				6	
			9	5		2	7	
3			7					6

完成时间（ ）分

226

			5	2	4	9		
							5	
2				9	6			3
6		4				3		
	2			8			1	
		9				5		7
5			1	3				8
	3							
		6	2	5	9			

完成时间（ ）分

227

	3					6		1
	1				3	7		
7			8	6				
	4				7	5		
				1				
		3	2				1	
				8	5			6
		2	9				3	
8		4					5	

完成时间（　）分

228

7		6		9		5		
					1			
							2	3
2				6		3		9
	6			3			5	
5		4		7				2
3	7							
			8					
		5		4		1		6

完成时间（　）分

提示：

229

4	5				9			
9				8		2		
		7			4			
		2			6		8	
8				2				9
	3		8			1		
			1			5		
		4		7				1
			6				9	3

完成时间（ ）分

230

6			8			2		7
3			4				1	
		9	1					
	2	6						
4				5				3
						5	2	
					1	7		
	3				7			5
7		4			6			8

完成时间（ ）分

串列式区块结构 5

宫区块 → 行列区块 → 唯一余数

下面看一个例子。

	C1	C2	C3	C4	C5	C6	C7	C8	C9
R1		2				6	4		
R2		7		8	2			3	
R3				9				5	
R4	7						1		
R5		5		1		3		6	
R6			1						5
R7		6				8			
R8		8			9	5		4	
R9			9	4				2	

数字 9 对第一宫摒除，得到第一宫的 9 在 R1C1 或 R2C1，故第一列的其他格均不能是 9。

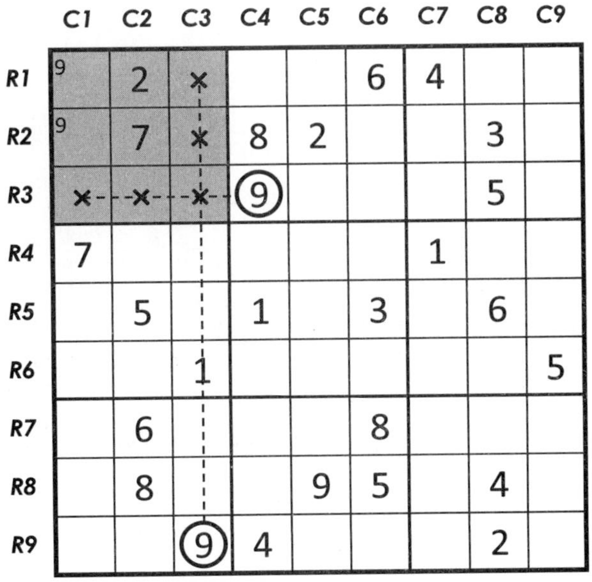

数字 9 对第五行摒除，得到第五行的 9 在 R5C7 或 R5C9，故第六宫的其他格均不能是 9。

	C1	C2	C3	C4	C5	C6	C7	C8	C9
R1	9	2				6	4		
R2	9	7		8	2			3	
R3				9				5	
R4	7						1		
R5	-	5	×	1	×	3	9	6	9
R6			1						5
R7		6				8			
R8		8			9	5		4	
R9			9	4				2	

R4C8 所在单元内已经出现过数字 1、2、3、4、5、6、7，加上第五行（第六宫）数字 9 的区块，故 R4C8 只能填 8。

	C1	C2	C3	C4	C5	C6	C7	C8	C9
R1	9	2				6	4		
R2	9	7		8	2			3	
R3				9				5	
R4	7						1	8	
R5		5		1		3	9	6	9
R6			1						5
R7		6				8			
R8		8			9	5		4	
R9			9	4				2	

下面通过几道题目实战一下。

题目 231 ~ 236

231

				8			7	
			7		9		4	
		2			4		8	1
8		5						
	2	7				3	5	
						8		9
2	5		3			6		
	4		6		2			
	6			1				

完成时间（　）分

232

			3		1			
1		6		2		7		
					5			4
6		8						5
		9		3		2		
2						3		7
8			2					
		1		5		9		6
			9		4			

完成时间（　）分

233

		2	6					4
					4		5	
	5				1	3		7
	4							8
	8	7				2	3	
3							6	
1		8	4				9	
	7		2					
9					3	5		

完成时间（ ）分

234

	3			1				
4								6
	6	7	3				9	
2				3	8			
	9			5			7	
			9	6				5
	2				4	8	5	
1								4
				9			6	

完成时间（ ）分

提示：

235

	6		8					5
		3		9		6		
					2		1	7
6	9		7					
					9		4	2
3	4		9					
		8		4		3		
2					1		7	

完成时间（　）分

236

						6		
		6			8		5	
2			5				9	1
9				1	4			
		4		7		3		
			3	8				6
3	7				2			8
	5		4			7		
		1						

完成时间（　）分

串列式区块结构 6

行列区块 ⟶ 行列区块 ⟶ 行列摒除

下面看一个例子。

	C1	C2	C3	C4	C5	C6	C7	C8	C9
R1			6					4	
R2	9	7	2		4		3		
R3				3					9
R4	6	2		7	8		4		
R5									
R6			4		9	5		8	2
R7	2					6			
R8			7		1		8	2	6
R9		6					1		

数字 3 对第六行摒除，得到第六行的 3 在 R6C1 或 R6C2，故第四宫的其他格均不能是 3。

	C1	C2	C3	C4	C5	C6	C7	C8	C9
R1			6					4	
R2	9	7	2		4		③		
R3				③					9
R4	6	2		7	8		4		
R5									
R6	3	3	4	×	9	5	×	8	2
R7	2					6			
R8			7		1		8	2	6
R9		6					1		

数字 3 对第三列摒除，得到第三列的 3 在 R7C3 或 R9C3，故第七宫的其他格均不能是 3。

	C1	C2	C3	C4	C5	C6	C7	C8	C9
R1			6					4	
R2	9	7	2		4		3		
R3			×	③					9
R4	6	2	-	7	8		4		
R5			-						
R6	^{3}	^{3}	4		9	5		8	2
R7	2		^{3}			6			
R8			7		1		8	2	6
R9		6	^{3}				1		

数字 3 对第八行摒除，故第八行的 3 只能在 R8C6。

	C1	C2	C3	C4	C5	C6	C7	C8	C9
R1			6					4	
R2	9	7	2		4		3		
R3				③					9
R4	6	2		7	8		4		
R5									
R6	^{3}	^{3}	4		9	5		8	2
R7	2		^{3}			6			
R8	-	-	7	×	1	③	8	2	6
R9		6	^{3}				1		

下面通过几道题目实战一下。

题目 237 ~ 242

237

	1				3	9		
			5					3
		7	9	8			5	
	7					3		
	3		4	9	6		1	
		8					2	
	6			1	9	8		
7					4			
		4	2				3	

完成时间（　）分

238

	9		7					5
7					8			1
		3			2		8	
	3		6					
6				4				9
					7		3	
	6		2			1		
9			3					4
5					1		6	

完成时间（　）分

提示：

239

	1				3	9		
			5					3
		7	9	8			5	
	7					3		
	3		4	9	6		1	
		8					2	
	6			1	9	8		
7					4			
		4	2				3	

完成时间（　）分

240

	6	3		9		8	7	
	9							6
8			3					
	8			2				
5		9		7		2		8
				4			6	
					4			7
4							1	
	1	7		8		6	2	

完成时间（　）分

241

					2	1		
		6		7		2	3	5
							8	
5			6				9	
3				4				2
	9				3			4
	3							
4	1	8		5		7		
		2	3					

完成时间（ ）分

242

1					7			
2					5			
9	4	7		1				
	6	8					5	
7				9				4
	1					8	6	
				5		9	2	1
			4					6
			7					3

完成时间（ ）分

串列式区块结构 7

行列区块 ⟶ 行列区块 ⟶ 唯一余数

下面看一个例子。

	C1	C2	C3	C4	C5	C6	C7	C8	C9
R1			7			3			2
R2		9			7				6
R3	2		1					5	
R4						8			
R5		5		4	2	7		9	
R6				5					
R7		2					4		3
R8	4				6			8	
R9	8			7			6		

数字 6 对第五行摒除，得到第五行的 6 在 R5C1 或 R5C3，故第四宫的其他格均不能是 6。

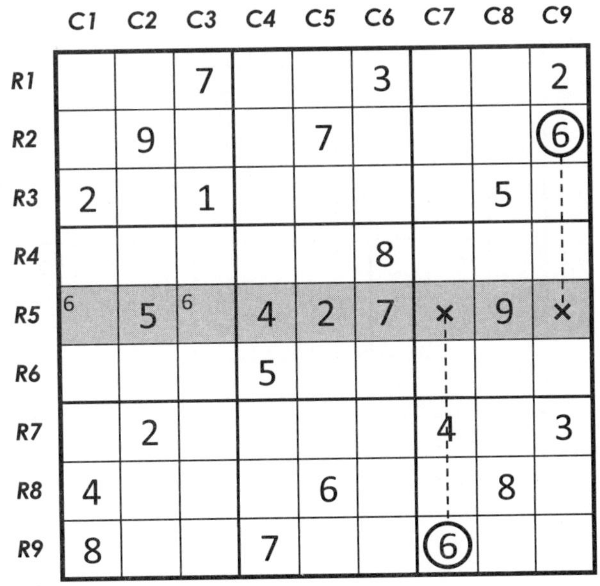

数字6对第二列摒除，得到第二列的6在R1C2或R3C2，故第一宫的其他格均不能是6。

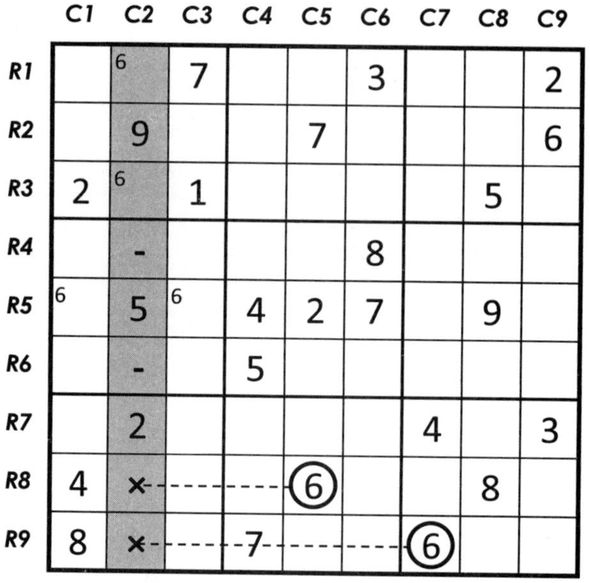

R1C1所在单元内已经出现过数字1、2、3、4、7、8、9，加上第二列（第一宫）数字6的区块，故R1C1只剩下5可以填。

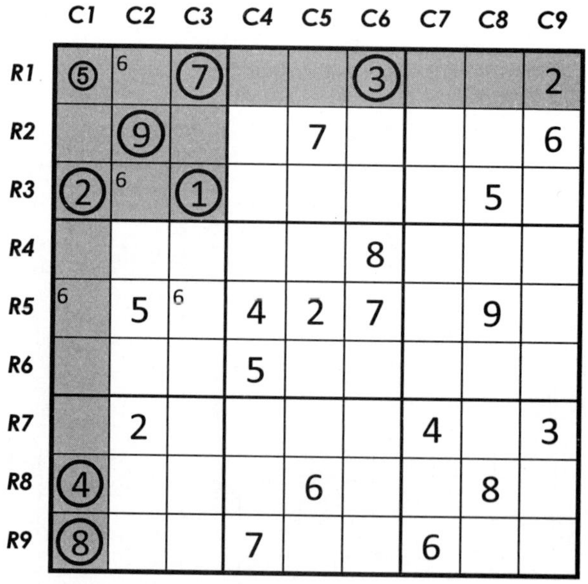

下面通过几道题目实战一下。

题目 243 ~ 248

243

5		8		2		6	1	
	6		4					
3						5		
				3	4			2
	8						9	
7			2	1				
		1						5
					6		8	
	7	5		4		2		3

完成时间（　）分

244

		7	6			4	2	
1	4		2					8
					8			
5	6						7	
2				9				4
	1						3	5
			3					
3					6		8	2
	7	5			1	3		

完成时间（　）分

245

		2		5	1		6	9
8				2				
	1		4					
		9			4		5	
		5		3		4		
	2		5			7		
					5		8	
				6				3
6	7		9	1		5		

完成时间（ ）分

246

	6			4				9
				5	9	1		
2						8		
	1							6
4				7				2
3							1	
		2						5
		3	4	1				
6				2			7	

完成时间（ ）分

提示：

247

	6			9				
4		3			7			2
			5				4	
		7				1		9
	9			5			2	
8		1				3		
	8				5			
7			6			9		3
				4			5	

完成时间（ ）分

248

		6			2			
9	1			7				5
	7		9			3		
				2	4	8		
	6						4	
		5	7	3				
		3			1		5	
1				8			2	9
			2			1		

完成时间（ ）分

以上就是七种串列式区块的组合情形。各位读者可以与并列式区块一一比较其不同之处。

条款 16 区块到底有多复杂?

查看题目答案请扫码

前面的“条款9”和“条款12”介绍了单一区块的5种结构,“条款14”和“条款15”介绍了双区块的14种结构。看来区块虽是第一个进阶技法,却也不容小觑。而且经过前面的介绍,相信不少人也会有疑问,区块究竟能够做出多复杂的组合。经过我们的分析研究,发现有将近百种不同的组合。由于篇幅所限,无法在书中一一举例,特别选择其中几个具有代表性且有趣的实例与各位读者分享。

更复杂的区块组合结构 1

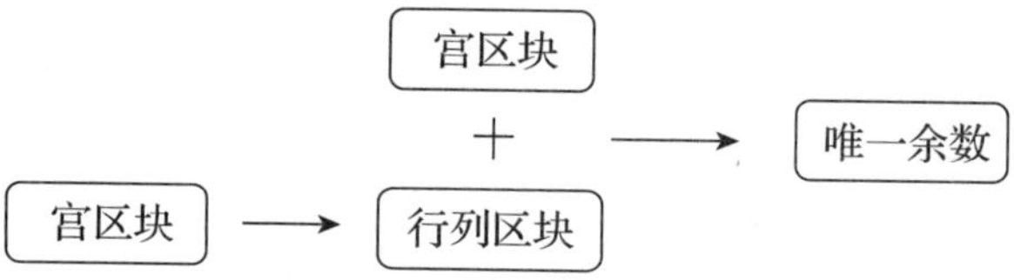

下面看一个例子。

	C1	C2	C3	C4	C5	C6	C7	C8	C9
R1	1			8	2				
R2			4				9		2
R3						9			7
R4			1	5				4	
R5		6			3			7	
R6		7				1	8		
R7	3			1					
R8	9		2				5		
R9					9	2			3

数字8对第三宫摒除，得到第三宫的8在R2C8或R3C8，故第八列的其他格均不能是8。

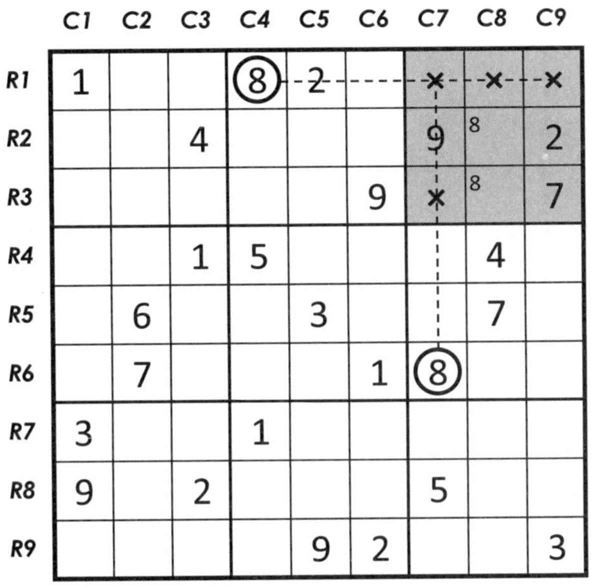

数字8对第九行摒除，得到第九行的8在R9C1、R9C2或R9C3，故第七宫的其他格均不能是8。

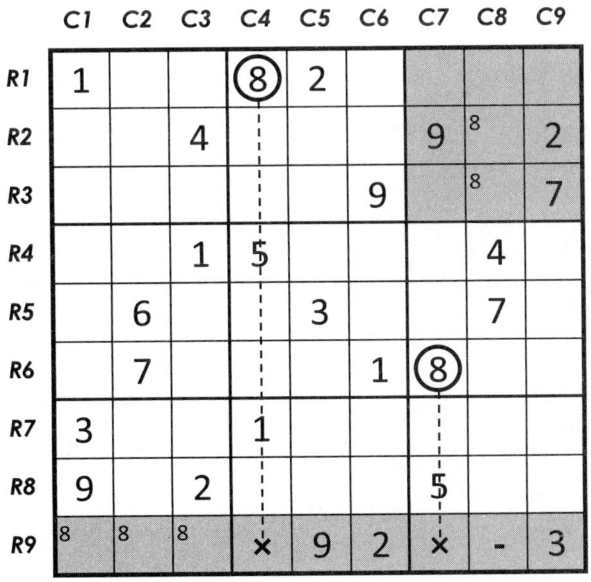

数字 5 对第九行摒除，得到第九行的 5 在 R9C1、R9C2 或 R9C3，故第七宫的其他格均不能是 5。

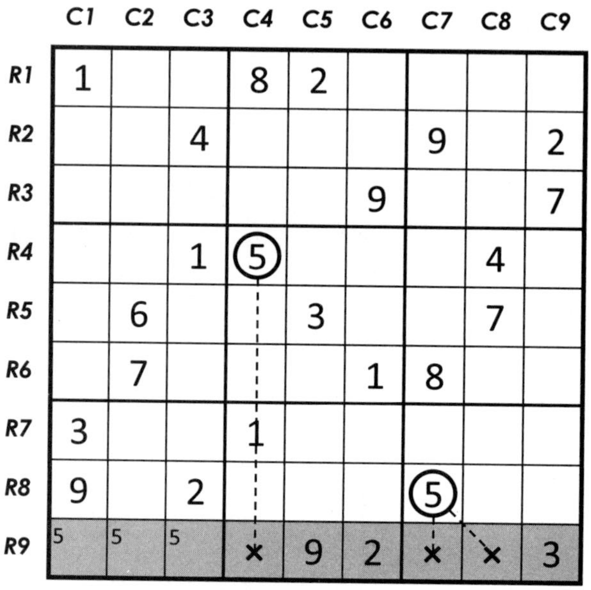

R7C2 所在单元内已经出现过数字 1、2、3、6、7、9，加上前面得到的第九行（第七宫）数字 5 和 8 的区块，故 R7C2 只能填 4。

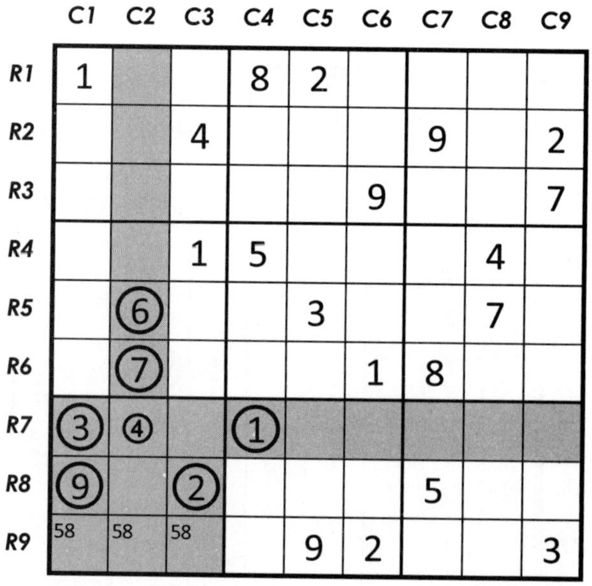

更复杂的区块组合结构 2

下面看一个例子。

	C1	C2	C3	C4	C5	C6	C7	C8	C9
R1		9		6				4	
R2	6				3				8
R3	8				2	5			
R4			9				1	7	
R5	7								6
R6		2	6				9		
R7				3	7				2
R8	3				5				1
R9		4				1		5	

数字 4 对第一宫摒除，得到第一宫的 4 在 R2C3 或 R3C3，故第三列的其他格均不能是 4。

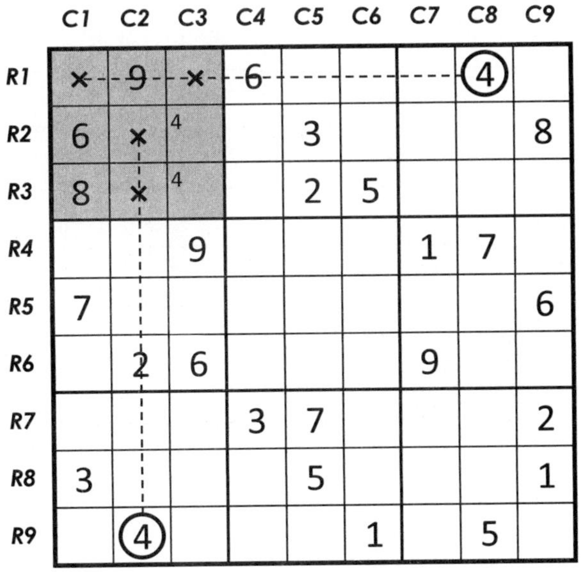

数字 4 对第九宫摒除，得到第九宫的 4 在 R7C7 或 R8C7，故第七列的其他格均不能是 4。

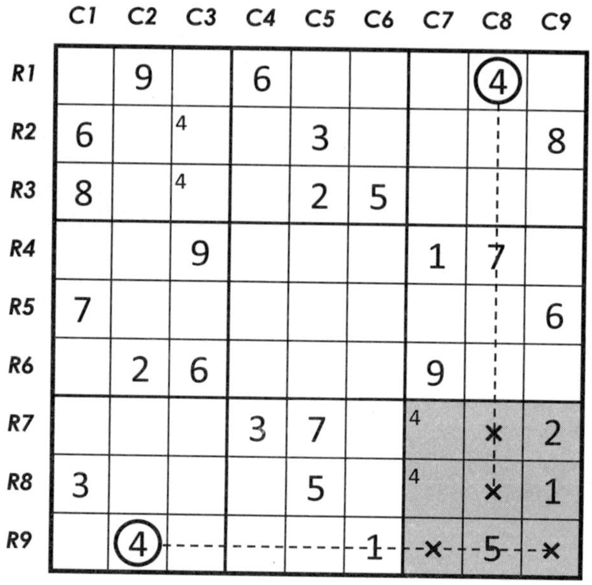

数字 4 对第五行摒除，得到第五行的 4 在 R5C4、R5C5 或 R5C6，故第五宫的其他格均不能是 4。

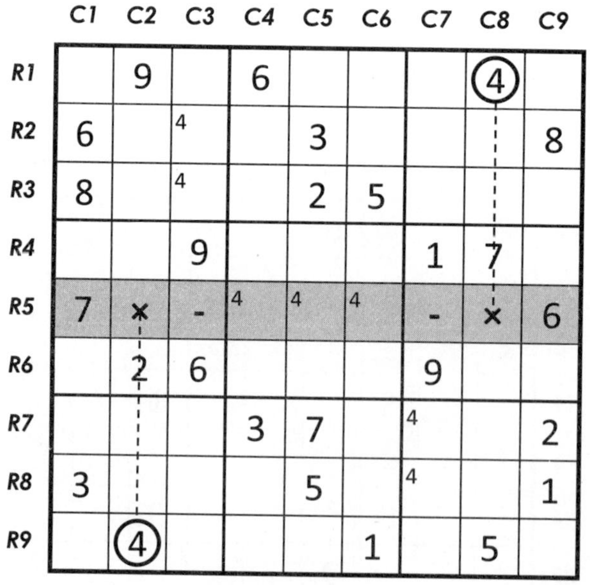

数字 4 对第五列摒除，得到第五列的 4 只能在 R4C5、R5C5 或 R6C5，由于前述区块，其中的 R4C5 和 R6C5 不能是 4，故第五列的 4 只能在 R5C5。

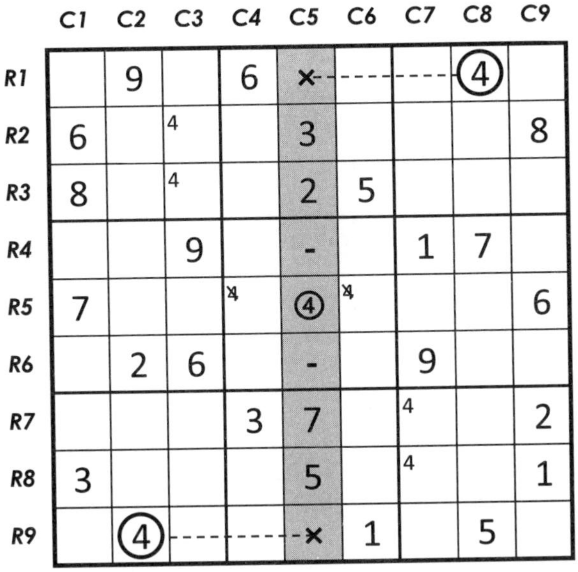

更复杂的区块组合结构 3

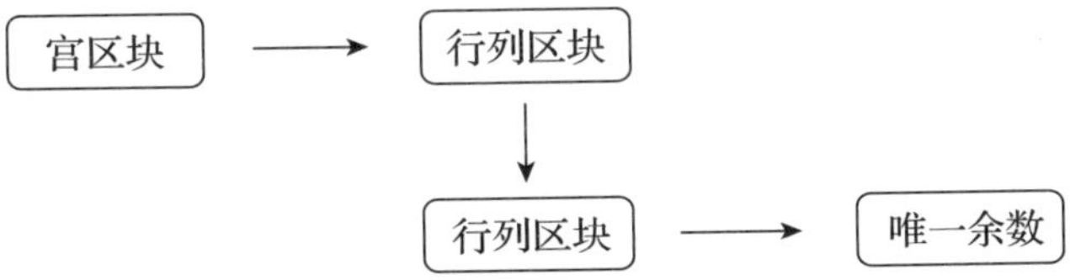

下面看一个例子。

	C1	C2	C3	C4	C5	C6	C7	C8	C9
R1	4								7
R2			6	2					
R3			3	6		5		2	
R4		4	5			1			8
R5					5				
R6	8			4			7	5	
R7		9		7		2	8		
R8						4	3		
R9	6								1

数字 6 对第八宫摒除，得到第八宫的 6 在 R7C5 或 R8C5，故第五列的其他格均不能是 6。

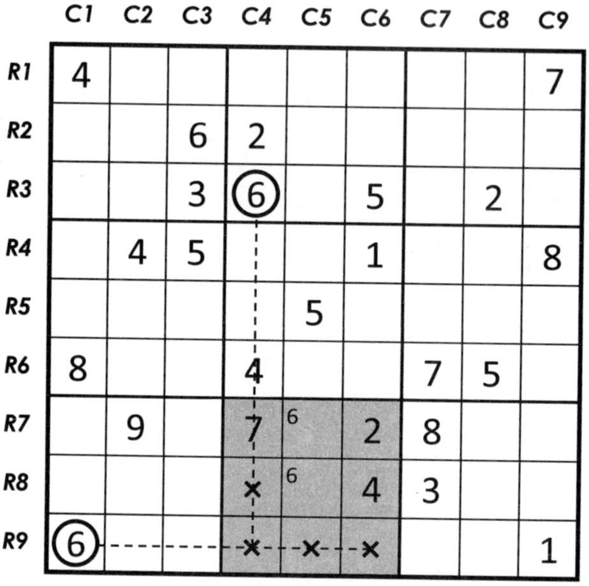

数字 6 对第四行摒除，得到第四行的 6 在 R4C7 或 R4C8，故第六宫的其他格均不能是 6。

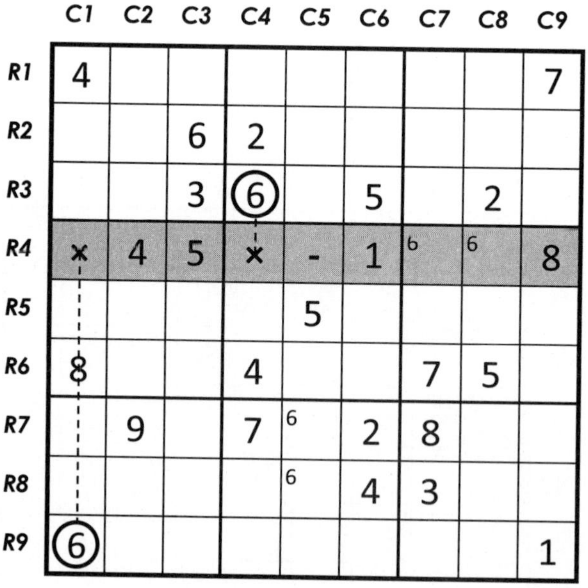

数字 6 对第九列摒除，得到第九列的 6 在 R7C9 或 R8C9，故第九宫的其他格均不能是 6。

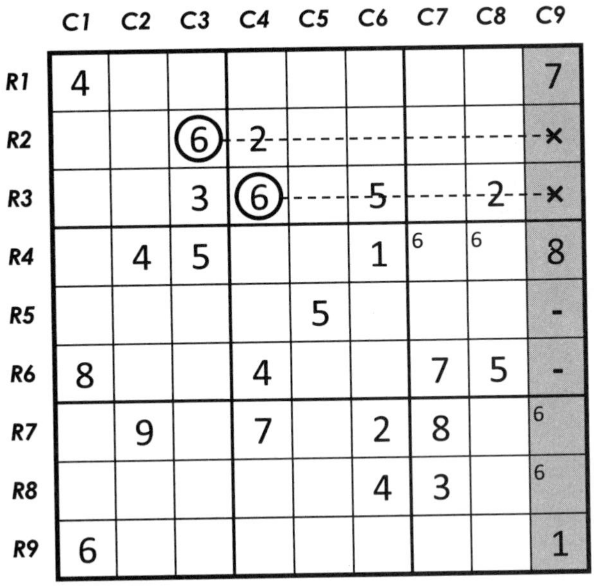

R7C8 所在单元内已经出现数字 1、2、3、5、7、8、9，加上第九宫数字 6 的区块，故 R7C8 只能填 4。

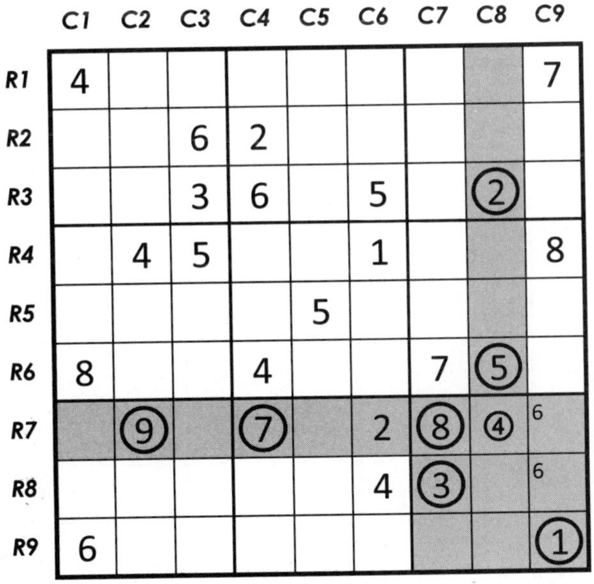

更复杂的区块组合结构 4

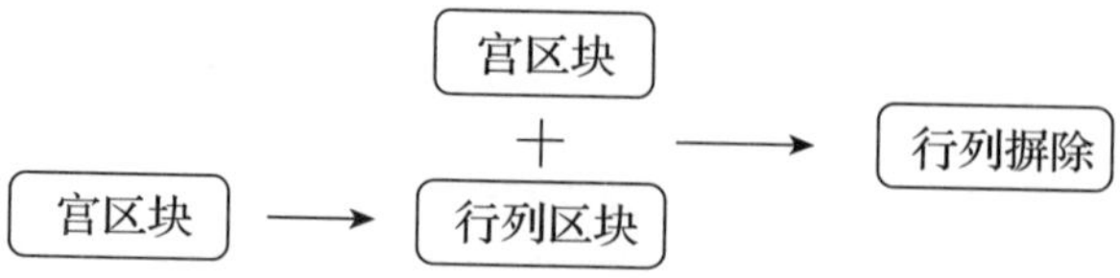

下面看一个例子。

	C1	C2	C3	C4	C5	C6	C7	C8	C9
R1				3		4		7	
R2			7				4		
R3	5						8		6
R4		6			9			1	
R5	1				2				8
R6		9			8			4	
R7	9		6						4
R8			3				2		
R9		7		9		5			

先观察数字 2。数字 2 对第六宫摒除，得到第六宫的 2 在 R4C9 或 R6C9，故第九列的其他格均不能是 2。

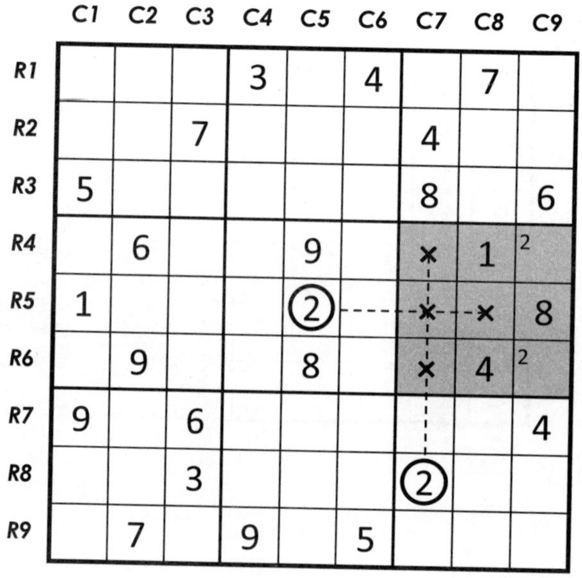

数字 2 对第八宫摒除，得到第八宫的 2 在 R7C4 或 R7C6，故第七行的其他格均不能是 2。

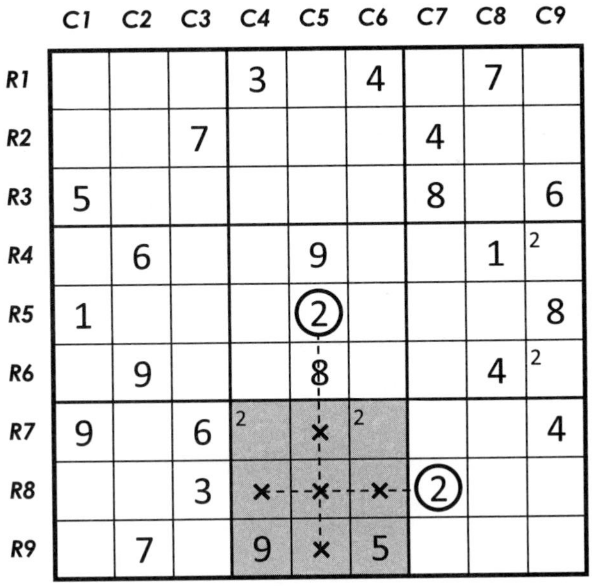

数字 2 对第二列摒除，得到第二列的 2 在 R1C2、R2C2 或 R3C2，故第一宫的其他格均不能是 2。

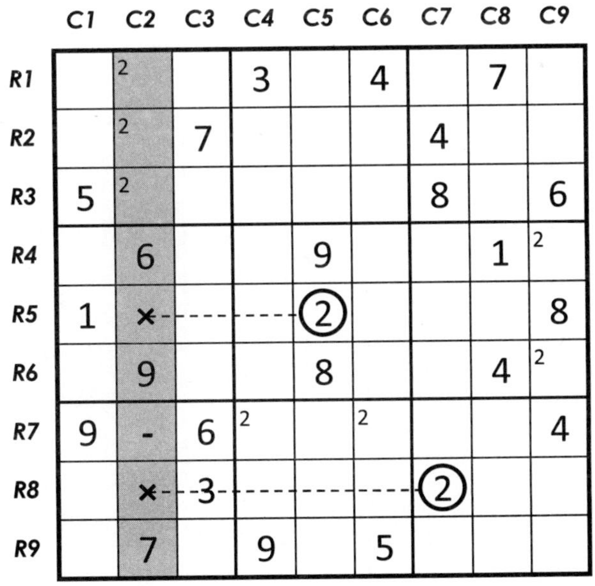

数字 2 对第一行摒除，得到第一行的 2 只能在 R1C2。

	C1	C2	C3	C4	C5	C6	C7	C8	C9
R1	-	②	-	3	×	4	×	7	-
R2		~~2~~	7				4		
R3	5	~~2~~					8		6
R4		6			9			1	2
R5	1				②				8
R6		9			8			4	2
R7	9		6	2		2			4
R8			3				②		
R9		7		9		5			

看了这么多不同的结构，各位读者是不是也跃跃欲试了呢？下面就通过一些题目来实战一下吧。

题目 249 ~ 260

249

	1			2				7
3			8					
					9	2		4
8					2		9	
	9			7			5	
	6		3					1
4		5	2					
					6			5
6				3			2	

完成时间（ ）分

250

			3		8	6		9
			4	2				
						7		2
5							1	
	2		6		4		8	
	9							3
7		1						
				8	5			
4		8	2		3			

完成时间（　）分

251

						6	2	4
			8					
	7	9			6			
		4		9			5	6
		1		6		3		
9	6			7		8		
			5			1	8	
					4			
2	5	3						

完成时间（　）分

提示：

252

				4		7		
9	6							3
		7	1				2	
		5	8		6			
4	7			5			6	9
			4		7	2		
	5				3	6		
2							5	1
		8		1				

完成时间（ ）分

253

8	1					5		
				6		8		
4					1		2	
					3			4
	6		1		8		3	
9			4					
	5		7					8
		9		2				
		2					7	3

完成时间（ ）分

254

				6		2	3	
	3	4	2					
					3	8	9	
9			3		7			8
1			8		6			9
	5	2	6					
					2	6	1	
	7	1		4				

提示：

完成时间（　）分

255

		2				8		
					5		4	1
	6				8		7	
	9			1		7		
1				6				5
		7		9			8	
	8		3				2	
9	7		6					
		3				4		

完成时间（　）分

256

		5	8			4		
			3				9	
	6					8		5
8	9				1		4	
		4		3		1		
	5		2				8	7
5		2					1	
	7				2			
		1			9	7		

提示：

完成时间（ ）分

257

	8	5		7				
			3		8			5
						1		6
					2	8	9	
	7			1			2	
	9	2	5					
6		7						
9			4		5			
				9		3	1	

完成时间（ ）分

258

8	3	2			4			
	1		8				2	
		9			2			8
				1		5		
	6			5			7	
		7		8				
3			9			7		
	7				5		9	
			3			6	4	5

完成时间（ ）分

259

5							6	
3			2	6				7
9	8					4		
	3				9			
7			3	5	6			8
			1				3	
		9					1	5
2				8	1			9
	6							3

完成时间（ ）分

260

			5					
	4				8	2		
8						1	3	4
1			3		9			
5				1				6
			8		5			1
2	7	4						8
		9	2				1	
					7			

提示：

完成时间（ ）分